桃源街道
集体经济运行经验考察

INVESTIGATION ON THE OPERATION EXPERIENCE
OF COLLECTIVE ECONOMY
IN TAOYUAN STREET

李 强 ◎ 著

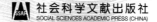
社会科学文献出版社
SOCIAL SCIENCES ACADEMIC PRESS (CHINA)

目　录

导　论 ……………………………………………… 1

　　一　研究背景与问题的提出 ………………………… 1

　　二　文献综述 ………………………………………… 4

　　三　研究对象介绍与主要研究方法 ………………… 8

　　四　主要概念界定与理论分析工具 ………………… 14

　　五　主要研究内容与研究创新之处 ………………… 22

第一章　农村集体经济的发展现状 ………………… 25

　　一　农村集体经济的发展历程 ……………………… 25

　　二　农村集体经济的发展现状 ……………………… 32

　　三　农村集体经济的特殊主体 ……………………… 40

第二章　农村集体资产使用与基层政府的清晰化管理 … 49

　　一　农村集体资产使用过程的行政监管 …………… 49

　　二　政府主导下集体资产清晰化管理的现状 ……… 53

　　三　集体资产清晰化管理的典型措施 ……………… 57

　　四　集体资产清晰化管理的挑战与应对 …………… 74

第三章　农村集体资产交易与基层政府的程序化管理 … 79

　　一　农村集体资产交易的兴起与发展 ……………… 79

　　二　农村集体资产交易的政府管理模式 …………… 85

　　三　农村集体资产交易管理的政府实践导向 ……… 93

　　四　农村集体资产交易管理的现实挑战 …………… 108

第四章　农村集体收益分配中的干部报酬及其行政监管 ……………… 114

　　一　农村集体收益分配的双重逻辑 ……………………… 114

　　二　农村基层自治组织的干部报酬 ……………………… 116

　　三　干部薪酬管理的基本概况 …………………………… 121

　　四　干部薪酬管理的实施过程 …………………………… 128

　　五　干部薪酬管理的行政约束及其导向 ………………… 135

第五章　农村集体经济运行中的民主化机制及其行政逻辑 ……… 148

　　一　农村基层民主化管理的现实意义与政策导向 ……… 148

　　二　行政主导的民主化管理及其具体实践 ……………… 152

　　三　基层政府推进民主化管理的内在逻辑 ……………… 167

　　四　农村集体经济组织民主化管理的未来趋势 ………… 174

结　论 …………………………………………………………… 177

　　一　农村集体产权实践的行政建构及其演变 …………… 177

　　二　租赁型集体经济条件下的政府规制 ………………… 180

　　三　政府规制的优化方向与未来展望 …………………… 186

参考文献 ………………………………………………………… 189

图目录

图 1-1 南州实验中学蓝天校区地块功能示意 ……………… 46

图 2-1 各级政府农村集体资产清理核实工作流程 ……………… 58

图 2-2 大额资金异动预警工作流程 ……………… 71

图 3-1 农村集体资产交易详细流程 ……………… 92

图 3-2 万泰、金邦地块所在的地理位置 ……………… 101

图 4-1 农村集体收益分配的行政嵌入路径 ……………… 116

图 5-1 成员大会、成员代表会议议事程序 ……………… 156

表目录

表 1-1 新禾镇各类工商业产值情况（1988~1995 年） ················ 26

表 1-2 桃源地区村办企业产值利润情况（1990~1995 年） ········· 30

表 1-3 桃源街道辖内集体经济组织基本情况（2017 年） ········· 33

表 1-4 清水联社集体经济收支情况（2017 年） ·················· 35

表 1-5 罗山联社集体经济收支情况（2017 年） ·················· 35

表 1-6 石桥联社集体经济收支情况（2017 年） ·················· 36

表 1-7 高旺联社集体经济收支情况（2017 年） ·················· 37

表 1-8 各经济联社关于外嫁女股份和分红的规定 ················ 38

表 1-9 新禾镇部分直属企业产值利润情况（1991~1995 年） ········· 42

表 1-10 桃源物业管理有限公司收支状况（2017 年） ·········· 43

表 2-1 蓝天区农村集体资产清产核资工作任务 ················ 58

表 2-2-1 清产核资登记表——资源性资产 ·················· 60

表 2-2-2 清产核资登记表——经营性资产 ·················· 61

表 2-2-3 清产核资登记表——租赁发包合同 ·················· 61

表 2-3 蓝天区农村集体资产清理核实具体内容 ················ 61

表 2-4 桃源街道农村集体资产清查前后对比 ················ 63

表 2-5 2015~2018 年桃源街道各经济联社审计情况 ················ 66

表 2-6 罗山经济联社 2017 年 9 月第一周大额资金支出项目 ········· 73

表 3-1 农村集体资产公开交易统计（2017 年） ·················· 82

表 3-2 集体资产公开交易中的溢价合同（2017 年） ·················· 84

表 3-3 南州市农村集体资产交易管理服务机构设置 ················ 87

表 3-4 集体资产交易信息公告期限 ·················· 91

表 3-5 进入区级交易平台的标准及其变化 …………………… 99

表 3-6 两次合同清理工作的具体内容 ……………………… 103

表 3-7 桃源街道现有合同存在问题分类统计 ……………… 106

表 4-1 各经济联社工作人员数量（2017 年） ……………… 122

表 4-2 经济联社干部薪酬基本构成（街管时期） ………… 125

表 4-3 各经济联社干部薪酬发放数额（2012 年） ………… 126

表 4-4 经济联社干部薪酬基本构成（区管时期） ………… 128

表 4-5 经济效益增长奖励基本构成 ………………………… 130

表 4-6 各联社绩效考核扣分情况（2017 年） ……………… 133

表 4-7 各经济联社干部薪酬发放数额（2017 年） ………… 134

表 5-1 "三会"人员构成、产生方式与表决规则 ………… 153

表 5-2 成员大会和成员代表会议的主要职能 ……………… 155

表 5-3 不可提交民主决策议事的事项 ……………………… 157

表 5-4 罗山联社和合作社公开栏设置情况摸查 …………… 162

表 5-5 经济联社公开栏样式 ………………………………… 164

表 5-6 财务收支明细公开 …………………………………… 165

导　论

一　研究背景与问题的提出

（一）研究背景

伴随着改革开放之后快速推进的工业化和城镇化进程，农村集体经济不再局限于传统农业生产范围内，而是在向非农化转型中不断拓展新的成长空间，深度融入市场化浪潮之中。从乡镇企业遍地开花的"温州模式"和"苏南模式"，到集体物业规模化经营的"珠江模式"，非农集体经济依托土地集体所有制这一基础性制度设计，不但提高了集体资产使用效率、激发了农村经济增长活力，而且为加快推进农村集体产权制度改革奠定了丰富的实践基础。

在珠三角地区，相对发达的非农集体经济主要集中在各大城市近郊区域，以及经过长期发展形成的"城中村"，其主流业态是依托农村集体土地和各类集体物业出租的"租赁型经济"（夏柱智，2021）。在这些地区，非农集体经济不仅充当了"再组织纽带"，推动传统村落逐渐演变为基于共同财产关系的"经济社会综合体"（周锐波、闫小培，2009），而且关乎社会主义意识形态、基层政权建设、基层群众自治、城市规划建设管理等诸多议题。对于各级政府特别是基层政府来说，非农集体经济运行已经成为加强和创新基层治理必须把握的一条主线，具有"纲举目张"的全局性意义。近年来，珠三角地区分布广泛、规模庞大的非农集体经济在运行过程中产生了各类矛盾，包括村干部贪腐、征地冲突等。基层政府不仅要以经济效益最大化为基本目标，着眼于资源开发、资产经营、资金管理等具体环节的不断完善，同时还要全面审视集体经济的"溢出效应"，防范可能产生的"集体性"扭曲等各类非预期性后果（蓝宇蕴，2017）。在这一过程中，直面一线实践、统筹协调各方的城乡基层政府既要在把握顶层设计要求和尊重集体经济组织主体地位之间取得平衡，在此基础上审慎介入农村集体产权各项实践当中，同时还要将大量无法进入法律渠道的"法治剩余问题"纳入基层行政管理体制，促进行政组织内部资源的优化配置以实现社会治理目标（贺欣，2008；桂华，2017）。

无论是面对农村集体产权运行的各类具体实践，还是面对非农集体经济衍生出的越来越多的公共事务，基层政府一直以来始终扮演着至关重要的角色，其目标是在模糊的操作空间形成相对稳定的制度化治理路径。近年来，珠三角地区不同区域的基层政府针对农村集体产权实践在政策层面持续予以规范，以有效推动农村集体经济稳定增长和基层社会保持稳定，很大程度上已经形成了具有典型意义的实践模式及行为倾向。这为考察行政力量介入农村集体产权运行过程提供了重要经验基础，也是本书得以展开的基本前提和现实背景。

（二）问题的提出

改革开放前，集体化经济不仅仅是农户之间的权利合作关系。改革开放之后，在东部沿海地区，以集体土地为核心的农村集体资产开始越来越多地参与到第二、第三产业当中，既包括20世纪80年代至90年代乡镇企业的异军突起，也包括依托集体土地和各类经营性资产形成的租赁型经济。这一转型不但促进了非农集体经济规模的不断扩大，同时也推动地方各级政府特别是基层政府改变了以往面对集体产权运作时相对单一、机械的控制模式，相关措施变得更加多样，出现了更多因地制宜的具体举措。总体上看，基层政府更加尊重农村集体产权创新实践，交由集体经济组织自行处置，后者因而获得了更多的自主权。

非农集体经济快速发展提出了基层政府积极转变集体产权治理方式的客观要求，而关于农村集体产权原则性的顶层设计则为基层政府提供了更加开放的政策实践空间。在非农集体经济比较发达的地区，基层政府深度参与甚至塑造的改革思路和探索实践层出不穷。但是，基层政府在拓展集体经济组织试错空间、鼓励大胆推进实践创新的同时，也面临着把握改革方向和节奏的挑战：既需要贯彻国家关于集体产权制度改革的意图，又要顺应集体经济组织的主体地位，二者之间有时存在不一致甚至冲突的情况。基层政府在直接面对各类集体经济组织时形成了怎样的政策导向，遵循怎样的内在行动逻辑，具体承担何种角色、发挥何种作用，需要进行更多理论和经验上的系统分析。

对于行政力量介入非农集体经济运行过程，相关研究曾一度聚焦乡村工业化时期、乡镇企业发展领域的基层政府并提出"企业家型政府"角色（张汉，2014），强调基层政府与农村集体经济的亲和关系。对于依托集体土地或其他经营性资产的租赁型经济活动，基层政府介入其中的角色尚未得到充分重视。近年来，部分学者开始弥补这一研究方向的不足（管兵，2019；程宇，2016）。但是，相关研究对于直面集体经济组织的一线乡镇政府和街道办事处的微观实践着墨甚少，同时对农村集体土地之外、有时甚至成为集体资产更重要主体的各类经营性资产的运营也关注不够，因而得出相关结论的经验基础还有所欠缺。因此，对于基层政府介入农村集体产权实践这一主题，目前仍有很大研究空间，既需要更加明确的理论框架引导，也需要更加丰富的经验素材支撑。基于这种考虑，本研究选择基层政府特别是一线镇街作为基本的研究对象，以经验研究的方法全面描绘其介入集体产权运作中的具体实践，进一步厘清基层行政与集体产权实践之间的关系。具体来说，本书以珠三角地区一个发达城市某市辖区人民政府的派出机关即街道办事处及其所在地为田野调查点，关注城市近郊区域集体经济发展现状，力图全面展示基层政府针对农村集体资产的使用权、交易权和收益分配权等不同层面的具体实践而展开的建构过程，深入分析集体产权运行过程中基层政府的政策导向和行动逻辑，并且探讨相应的理论价值和政策意涵。

二 文献综述

本书关注基层政府在农村集体产权运行中的具体实践。围绕这一主题,本部分首先回顾乡村工业化时代乡镇企业兴衰过程中的基层政府角色研究,然后梳理租赁型经济时代关于基层政府角色的研究。

(一) 关于乡村工业化时代基层政府角色的研究

在改革开放早期,乡镇企业一度成为农村集体产权运行的重要载体,基层政府介入其中并发挥了关键作用,因而成为研究者普遍关注的分析对象。

乡镇企业的异军突起,被不少学者认为与基层政府灵活执行农村集体产权政策、全力追求经济绩效的政策导向密切相关。戴慕珍(1992)认为,基层乡镇政府直接参与辖区内集体企业的运营管理,并统筹协调辖区内各经济事业单位,事实上扮演的是一种从事多种经营的实业公司的角色。她指出,"分灶吃饭"的财政体制改革和农业非集体化的政策变革,是激励地方政府积极推动农村工业化的两大因素。在乡镇企业走向衰败之后,Blecher和Shue(2001)认为基层政府已经成为"发展型政府"。即地方政府不再直接参与企业微观经营活动,而是主要提供间接性公共服务(丘海雄、徐建牛,2004)。此后,魏昂德(1995)、彭玉生(2001)都指出了基层政府在促进辖内乡镇企业发展中的重要作用。上述研究反映出,在乡村工业化快速发展背景下基层政府与农村集体产权之间的"亲和性",但是另有一些学者发现地方政府也可能会扮演消极角色。比如,杨善华和苏红(2002)认为,在乡镇企业快速发展的现实背景下,处于行政层级最底层的乡镇政权已经从"代理型政权经营者"变成"谋利型政权经营者":既通过直接参与经营活动为政权利益集团谋取经济利益,又通过灵活运用政策谋取更多自由政治空间。又如,Sargeson和张建(1999)的研究发现,地方政府在执行上级集体产权改革政策时会有意变通甚至扭曲,将地方公共企业合法化为个别官员的私人企业,完成了对集体企业股权事实上的占有。

从 20 世纪 90 年代中后期开始，乡镇企业逐步走向衰落，研究者注重审视这一过程中基层政府的独特影响。

熊万胜（2010）从基层政权的自主性这一角度来理解乡镇企业的兴衰，认为集体企业之所以能从乡村社会中内发出来，是基层政权为了扩展和维护基层自主性的结果，而集体企业的失败则宣告了这种努力的严重受挫。邱泽奇（1999）认为乡镇企业早期的成功则主要得益于农村集体所有制度、人民公社制度的管理传统、计划经济体制、消费品市场真空等不同因素的结合，而乡镇企业改制是一个乡镇政府渐渐退出地方企业经营活动的过程。为应对乡镇企业的衰落，基层政府积极推动乃至主导企业改制。支兆华（2001）认为随着市场化进程的日渐深入和私营经济的竞争，乡镇企业改制是不可避免的，是政府主动理性选择、在集体经济和私营经济两个部门重新配置资源的结果，其直接目标是解决企业经营效率低下的问题。姚洋和支兆华（2000）还认为，改制不能仅仅局限于所有权易手，而是要深入推进政府机构改革，集中力量解决政府事后寻租而导致企业家激励不足的问题，这是决定改制成败的关键。

作为特定历史阶段的经济现象，乡镇企业一度成为基层政府介入农村集体产权实践的主要形式。随着乡村工业化运动的式微，以集体土地为核心的经营性集体资产逐渐成为更受关注的农村集体产权载体，并成为"产权的社会视角"的主要分析对象。

（二）关于租赁型经济条件下基层政府角色的研究

不同于"产权的社会视角"研究范式（曹正汉，2008）强调乡村社会自主实践和内生社会规范的特殊意义（折晓叶、陈婴婴，2005），近年来一些社会学者主张"将政府带回来"，开始关注农村集体产权运行中基层政府的重要角色。相关研究主要形成了两种方向：一是强调基层政府在适应不同治理情境和协调不同治理主体的互动过程中完成对农村集体产权的界定，二是强调基层政府基于自身自主性、规范性和强制性而对农村集体产权运行过程的建构。

关于基层政府在适应不同治理情境和协调不同治理主体的互动过程中对农村集体产权进行界定，相关学者形成了以下研究成果。

曹正汉（2008）在研究珠三角地区滩涂产权纠纷案例时，发现法律只是具有象征作用，传统的"沙骨权"发挥了基础性作用。上级政府在裁定产权界定最终结果时，形成了以习俗产权为基础、以围垦投资形成的既定事实为依据的处理方式。这意味着基层政府行为在与习俗制度、道德规范相互融合之后才能更好地界定产权。类似地，何艳玲和程宇（2018）通过对广东南海集体股份合作制改革的案例研究发现，基层政府在协调多方博弈、将模糊的集体产权清晰化为经营权、收益权与分配权等实质性权利过程中，很大程度上顺应了村小组控制集体土地和村民平等享有土地收益的传统，同时通过特殊政策安排对村民基于血缘、地缘、人情等传统思想观念的利益诉求给予了回应。

金文龙（2016）分析了社区股份合作制改革中基层政府、村集体以及村民表现出的不同的行为逻辑，发现尽管农村集体与村民都试图在既有的约束条件下积极建构其自主性，但是基层政府仍然通过扩大集体资产管理权限、推动地方权威中心上移等方式主导了集体产权变迁过程。董国礼和易伍林（2016）通过对安徽省桃源村股权纠纷事件的剖析发现，在农村集体产权融入市场经济程度越来越深的背景下，基层政府通过组建管委会为掠夺乡村旅游集体资产扫清了乡村权力障碍，通过出售景区经营权以貌似规范的公司治理运作为掠夺披上了合法外衣，由此架空了作为农村基层自治组织的村委会。在地方政府和城市资本的双重侵蚀下，村民共享的社区承认和社区情理约束力大幅减弱，农村集体产权能够模糊的空间已经非常有限，面临"政府化"的挑战导致其越来越难以保障村民利益。

关于基层政府基于自身自主性、规范性和强制性而对农村集体产权运行过程进行建构，相关学者形成了以下研究成果。

程宇（2016）基于珠三角地区非农集体经济下农地产权改革历程的分析，倡导从产权的"社会建构"到"行政建构"的研究范式转换，以进一步凸显行政权力的独立性。她发现，基层政府由于受制于压力型体制和多重目标的约束、财税规则的改变以及自身的自利性动机，围绕土地所有权归属、土地使用和土地收益分配三个方面推动了农村土地的产权改革。这一研究将产权问题纳入了科层组织的视角，并以此为主线来呈现基层政府推动地权建设的过程，展现出行政权力基于体制约束以不同方式主导农地配置。

管兵（2019）通过回顾珠三角地区农村集体经济管理政策的历史沿革，归纳出基层政府的脱嵌治理方向：政府在利用农村土地资源之后，逐步推出种种脱嵌治理政策，包括集体经济内部治理的市场化、"村改居"、"政经分离"、"经社分离"等政策安排，试图从冲突频发的农村集体产权治理中独立出来。但是，基层政府推动脱嵌治理的努力遭遇了反向力量：农村集体成员通过历史、社会等机制将模糊产权嵌入政治过程，让政府无法轻易离开；又将集体产权嵌入乡土社会，使其无法真正进入市场。脱嵌治理意味着基层政府试图在政策和实践上保持一定的独立性和专业性，同时更好地发挥经济主体和社会主体的自主性，但是农村集体产权多重嵌入的路径依赖导致行政力量不得不被动卷入其中。

陈颀（2021）借助产权的社会建构和政府行为脉络的相关文献提出了"场域分化"的概念，用以强调体制场域和社会场域对于土地产权的不同形塑机制，以及体制场域中的地方权力机制之于地权界定的中心意义。他发现，地方政府借助土地规划、收储和"增减挂钩"政策等发展出的隐形机制，深刻影响着基层社会的产权界定——真正制约农民产权实践空间的是政府常规、非强制的隐性规范机制，而不是征地拆迁中发展出的显性、强制性嵌入机制。

（三）小结

通过回顾以上两个方面的研究文献可以发现，行政力量始终是非农集体经济运行中的重要变量。已有研究以农村集体产权为主要考察对象，重点分析了基层政府的多维实践和具体行为，但是尚存在一些不足之处，仍然有进一步向前推进的空间。首先，已有研究更多关注行政力量的"非正式运作"，揭示的是政府行为的特殊性而非普遍性，反映的是基层政府行为的碎片化而非系统化。未来需要更多关注基层政府参与农村集体产权实践的正式的制度设计、稳定的政策安排，并且尽可能形成相对完整的政策演进线索和逻辑。其次，尽管研究者提出"脱嵌治理""场域分化"等概念洞察了基层政府行为模式的一些特质，但预设了行政力量与农村集体产权之间的"分离性"，导致研究者侧重考察基层政府在产权实践的"外围"而非"核心圈"对农村集体产权进行塑造，比如前文提及的"村改居"、"政经分离"、土地规划、土地收储等，构成了政府主导推动、塑造集体产权实践的重要力量，但并不是直接针对集体产权实践本身而制定的特定规则。因此，需要立足基层政府参与产权运行过程和集体资产经营的行为本身，考察更具代表性和稳定性的行政实践，以更加准确理解基层政府的行为模式和内在逻辑。

基于以上分析，结合田野调查实际，本书聚焦非农集体经济相对发达地区的基层政府行为，考察其面对以集体土地为基础、以集体物业为主体的经营性集体资产运行时，长期形成的一系列制度规范、政策措施及具体落实过程，尝试从中发现和归纳行政力量介入农村集体产权运行的稳定机制。

三　研究对象介绍与主要研究方法

（一）研究对象的选择

本书主要研究对象是珠三角地区一座城市的基层政府派出机构——南州市蓝天区桃源街道办事处①及其所辖区域，之所以选择这一研究对象主要基于以下三个方面的考虑。

第一，获取经验资料的便利性。2017年7月，在上级组织部门和本人工作单位的协助安排下，我进入南州市蓝天区桃源街道办事处开始为期一年的挂职锻炼，挂任街道办经济与社会事务管理科副科长。这一安排让我顺利进入实地研究的田野，并在之后的一年时间里深度参与了街道办经济事务管理方面的工作。挂职锻炼既提供了难得的深入基层社会调研的机

---

① 遵照学术惯例，书中涉及的地名、人名、单位名等均采用化名。

会，也为发现新鲜而有趣的研究课题创造了条件。进入田野后，经过一段时间的考虑，基于研究对象的特点和我所经手的各项重点工作，我初步确定了本研究的大致方向——基层政府在集体经济运行和集体产权建构中的作用，并围绕这一研究选题针对性地收集相关经验资料。在结束挂职锻炼之后，我继续与桃源街道办工作人员保持联系，并根据需要进行了多次回访和跟踪调查，获得了大量一手经验资料，这成为本书写作最重要的基础。

第二，研究对象本身的典型性。典型性是个案所必须具有的属性，是个案是否体现了某一类别的现象（个人、群体、事件、过程、社区等）或共性的性质（王宁，2002）。桃源街道办事处所辖区域是大城市近郊非农集体经济比较发达的"城中村"的代表，这种现象在南州市乃至整个珠三角地区各大城市中具有普遍性。从地理区位上看，其位于城乡接合部地区，正在经历快速城市化进程，同时又保留有大量农村元素和鲜明的乡土特质；从行政体制上看，其属于"镇改街"和"村改居"之后的转制社区，许多服务管理机制还没有理顺，现阶段仍处于不充分城市化的状态；从经济发展上看，其各类产业总体相对低端，存在大量的"散乱污"小企业、工厂甚至家庭作坊，产业转型升级面临较大压力；从社会治理上看，外来人口大量流入此地，"人口倒挂"现象突出，公共服务和社会管理压力大。

第三，研究问题的高度契合性。本书内容围绕非农集体经济运行展开，这与研究对象本身具有很强的关联度。桃源街道办事处辖内集体经济相对发达，主要形式是以集体土地和物业出租为主导的租赁型经济，这是集体经济组织最主要的收入来源，同时也是基层社会治理各类矛盾产生的重要源头。对于基层政府来说，集体产权成为无法绕开的焦点问题，各项行政工作的推进都或多或少与集体经济发展和集体产权运行有关，包括产业转型升级、城市更新改造、生态环境保护、基层民主自治等。可以说，基层政府在集体产权建构中的实践不仅对集体经济发展十分关键，对于塑造城市化进程也有重要意义。因此，本书的研究问题集中反映了桃源街道发展过程中的各类矛盾，而桃源街道则为我们深入分析和回答这一问题提供了不可多得的调查田野。

事实上，在报名参加挂职锻炼之前，我就计划将挂职点作为研究对象，但是对于能否最终实现这一目标我并没有十足的把握，因为当时既没有确定选题，也没有确定具体挂职地点。最初，我大致的想法是选择基层社会治理方面的选题，并以挂职点为个案做经验研究。但是，在被安排到桃源街道办事处经济与社会事务管理科工作半年之后，我对桃源街道集体经济有了比较深入的了解，原来计划把社会治理作为研究方向的想法就开始改变了。

根据组织部门的书面建议，同时结合个人意愿，最初我被推荐挂任街道办事处经济与社会事务管理科副科长。但是进入"田野"之后我才发现，所谓经济与社会事务管理科只是"名义上"的机构编制中的一个部门，在实际运作中分成了相互独立的经济科和民政科，由于经济科工作人员长期严重不足，我就顺理成章地被分配到经济科担任副科长，协助"三资"管理工作。在这种情况下，挂任职务安排很大程度上已经偏离了我之前的想法，因为民政科才是聚焦社会事务的主要相关科室，经济科的常规业务相对集中，一般包括集体经济组织"三资"管理、招商引资、协税护税、经济统计等，理论上与城市基层社会治理的相关议题并无直接的紧密关联。但是经过长期的观察，我发现桃源街道相当比例的基层社会治理矛盾最终都直接或间接指向集体所有制及其实现运行过程，这集中表现为大量围绕集体经济的上访事件，集体经济运行和集体产权建构本身就具有很大的潜在研究空间。

而且对于桃源街道这种地处城乡接合部、下辖相对发达的非农集体经济组织的基层地区而言，集体经济及其运作塑造了极富挑战性的新型社会治理空间，成为推进各项工作都无法绕开的焦点问题。因此，挂职经济科反而为我提供了一个深入接触集体经济事务、细致观察基层政府行政管理过程的极佳契机，让我得以更加透彻地去认识和理解各类社会治理矛盾的导源和本质，这也是我确定研究选题的基本前提和重要依据。经过为期一年的挂职锻炼，我对桃源街道的历史与现状、经济与社会、潜力与挑战都有了深入的了解，特别是对集体经济相关工作做了深入的思考，同时与蓝天区相关职能部门、街道办公职人员、集体经济组织工作人员等建立了良好的关系，并通过参与观察、深度访谈、政策文本搜集等方式获得了大量宝贵的一手资料。在挂职锻炼结束后，我仍然密切关注桃源街道集体经济发展的情况，继续收集研究所需的经验材料。这些不同类型的一手资料被用于勾勒完整研究个案、支撑论文核心观点并构成本研究的主体内容。

（二）研究对象的介绍

1. 桃源街道行政建制的历史沿革

桃源街道地处南州市中心城区的北部，是典型的城乡接合部地区，也是蓝天区 18 个街道中比较年轻的一个街道。2002 年 7 月，蓝天区行政区划做了一定调整，原新禾镇被拆分成两个街道，辖内划出部分区域正式成立桃源街道并设立办事处。目前，桃源街道区域总面积为 15.7 平方公里，户籍人口 2.45 万人，实际服务管理常住人口约 25 万人，另有机关、部队、学校、企事业单位等共 4000 余家。

桃源街道及街道办事处的成立，是南州市和蓝天区为适应城市化发展而不断调整行政区划的一个缩影。1987 年 1 月，经国务院批准，南州市郊区正式更名为蓝天区，并正式列入城区建制，最初下辖 15 个镇、5 个街道和 1 个渔业联社。之后，随着城市化进程不断加快，蓝天区越来越多的镇逐步被改制为街道，并且经历了多次合并，最终形成了目前 18 个街道、4 个镇的行政区划格局。目前，桃源街道的辖区面积大小和常住人口数量在全区的各街道中均位居前列，而街道办事处在行政建制和人员编制数等方面与区内其他街道办并无明显差异。

根据 2011 年蓝天区机构编制委员会下发的"三定方案"，桃源街道办事处共设置有 5 个内设机构，分别是党工委办公室（与办事处办公室合署办公）、综治维稳和信访科、城市管理科、经济和社会事务管理科（与民政科合署办公）、人口和计划生育办公室。此外，还设立监察室（与纪工委机关合署办公）、人民武装部两个不计入内设机构的部门，另外还有工会、共青团、妇联、残联等非专门机构，工作人员均由街道办原有工作人员兼任。但是，在实际运作中，机构的具体安排会根据工作需要而灵活设置，比如经济和社会事务科分成了经济科和民政科，成立了专门的环境和安全生产办公室以应对越来越多的生态环保事务。除行政内设机构之外，桃源街道还下设了若干事业单位，包括财政结算中心、社区服务中心、流动人员和出租屋管理服务中心、劳动保障中心、市政管理所、农业技术服务中心等。

蓝天区职能部门的派驻单位也是桃源街道日常工作中的重要力量，主要包括司法所、派出所、市场监管所、国土规划所等。2017 年，桃源街道机关行政编制 24 名，其中街道领导班子共 7 人，科级领导职数共 8 人；事业编制 24 名。而由街道财政供养的实际工作人员超过 350 人，绝大部分是正式编制以外的合同制雇员、临聘人员等，大部分集中在城管执法、环保督察等工作领域。

2. 桃源街道辖内集体经济组织发展演变

桃源街道下辖 4 个经济联社，分别是清水、罗山、石桥、高旺，这 4 个经济联社由原行政村转制而来，经历了 20 世纪 80 年代开始的南州市农村社区股份合作制改革，也经历了 20 世纪初南州市对"城中村"进行的大规模转制。最终村组两级基层组织从生产大队、生产队变成了经济联社、合作社①，后来又以经济联社资产为基础成立股份制企业——经济发展公司或分公司。尽管经历了多次改革，但是集体经济组织的日常运作本质上并没有发生变化，没有成为真正意义上的市场化经济实体。

从 1987 年开始，南州市就开始对以土地集体所有制为基础的家庭联产承包责任制进行了改革。主要做法是以原社区性的行政村或自然村为单位，在不改变生产资料集体所有的前提下，把集体经济财产部分或全部地折股量化到每个成员头上，并参照股份制的组织治理结构成立股份合作组织，实行统一经营，民主管理，按股分红（傅晨，2001）。桃源街道辖内的 4 个村早在 1994 年就完成了农村合作经济股份制改革，但是仍然以"行政村"的形式存在，在之后的 2000 年前后，4 个村都陆续完成了向经济联社和合作社的转制，同时还建立了集体法人股东或个人股东持股的股份制

---

① 为行文简洁，后文的经济联社简称为经济联社或联社，经济合作社简称为"合作社"。

企业——经济发展公司或分公司。从严格意义上讲，"村"已经不存在了，"村民"已经转变为"社员"，村"两委"班子变成了联社或经济发展公司党委和董事会。实际上，这种转制更多只是形式上的改变。

2002年5月，南州市委办公厅和市政府办公厅出台了《关于"城中村"改制工作的若干意见》（南办〔2002〕17号），决定对城市近郊和"城中村"地区的138个村庄实施"村改居"改制，桃源街道辖内4个经济联社当时都被列入改制范围。经过这次改制，4个经济联社所有农村人口都实现了"农转非"，随之撤销了农村管理体制，建立起了11个社区居委会作为基层自治组织，管辖4个行政村划分之后的不同区域及居民。南州市这次改制不仅希望更顺畅地推动城市化发展，同时还希望"城中村"实现"政经分开"：让集体经济组织专注于集体经济发展的相关事务，各类行政事务则交由居委会处理。但是从桃源街道10多年的运作情况看，"村改居"之后的工作机制远没有达到理想状态，在基础设施和公共服务配置不足的情况下，很多公共事务无法绕开集体经济组织，包括环境卫生管理、公共治安防控等。

在蓝天区乃至南州市其他行政区，像桃源街道这样集体经济组织和社区居委会并存的情况比较多见，基层政府要同时面对股份制公司和居委会，在行政管理体制上意味着从"乡政村治"变成了"双轨政治"（卢俊秀，2013）。与社区居委会相比，集体经济组织由于本身的相对独立性，在落实基层政府各项部署上需要耗费更高的行政成本。对此，桃源街道办事处曾经分管"三资"管理、安全生产线口的副主任深有体会：

> 居委工作人员的待遇都是由区财政统一发放，是我们自己的人，布置的各项任务基本能保质保量完成。4个村就不一样了，经常不太听话。不要说我这样的分管领导，就是街道主要领导下去检查有时候他们都不太配合，以前我还听说过村干部在区领导办公室拍桌子的事情（访谈资料，LWD20170712[①]）。

---

① 访谈资料编码形式为：被访谈人姓名汉语拼音首字母+具体日期（格式为YYYYMMDD）。

（三）主要研究方法

本书遵循定性研究基本方向，以南州市蓝天区桃源街道辖区特别是桃源街道办事处为研究对象，以个案研究为主要研究方法，采用参与观察、深度访谈等方法收集资料。具体来说，以桃源街道办事处为典型个案，对街道办事处介入辖内集体经济组织运作的行政过程进行全方位考察，系统分析其中具有典型意义的政策导向及微观实践，深入探讨基层政府在农村集体经济运行中的特定角色和行动倾向，并对城镇化背景下推进农村集体产权制度改革做更深层次的思考。

具体收集资料的方法包括参与观察法和深度访谈法。一是参与观察法。利用挂职锻炼的契机，我以经济科副科长的身份，特别是作为协助街道办事处"三资管理"的负责人之一，全过程深层次参与了经济科各项事务，包括集体经济组织"三资"管理、招商引资、协税护税、经济统计等，由此得以深刻理解相关政策及其执行过程。从实际效果看，我围绕研究主题进行了长达一年的参与观察，某种意义上已经成为一个"完全参与者"。二是深度访谈法。在为期一年的挂职锻炼期间，我与蓝天区相关职能部门、桃源街道办各级干部、经济联社第一书记、集体经济组织工作人员、合作社普通村民等不同群体或个人建立了良好的关系，其间，围绕农村集体经济这一主题与相关人员进行了多次正式或非正式的无结构访谈。在挂职锻炼结束后，我仍然与相关重要人员保持联系，并对研究对象进行了数次跟踪式回访。

四 主要概念界定与理论分析工具

（一）主要概念界定

1. 基层政府

基层是指各类组织的最底层，从行政级别的角度看，乡镇政权机关、街道派出机构、村级自治组织都属于基层组织。但是，如果要严格定义基层政府，则需要按照《中华人民共和国宪法》《中华人民共和国城市居民委员会组织法》《中华人民共和国村民委员会组织法》等相关法律条文的规定：在城市地区，基层政府指的是不设区的市、市辖区的人民政府，以及不设区的市、市辖区人民政府的派出机关；在农村地区，基层政府指的是乡、民族乡、镇的人民政府。从国家行政架构体系看，乡镇政府是最基层、最接近群众的一级人民政府，而不设区的市、市辖区人民政府的派出机构，即各个街道办事处尽管不是严格意义上的一级政府，也不属于基层政权，但是在实际运作中事实上承担着基层政府的职能，所以在研究中一般也被视为基层政府。

在一些研究中，基层政府这一概念会被灵活使用。比如，周雪光（2008）在研究基层上下级政府间的"共谋"现象时，区分了基层政府（代理方）、其直接上级政府（监督方）和更上级政府（委托方）三者之间的关系，认为三方的位置是相对的。他认为，在落实中央政策时，省、市、地、县等各级政府都属于相对的基层政府；在执行省级政府指令时，市、地、县政府属于相对的基层政府；在面对县政府部门的检查时，镇政府和村委会则属于相对的基层政府。另外，还有学者把村级组织也视为基层政府的组成部分之一，将其作为与基层政府紧密相连的行政单位（陈家建，2013），体现出基层群众自治组织的行政化倾向。上述这种理解方式事实上都把基层政府的概念外延大大扩展了。

在经验研究中，我们更倾向于把基层政府理解为纯粹意义上的行政机关。因此，本书所研究的基层政府主要是指市辖区人民政府，包括内设职能部门以及作为其派出机构的街道办事处。实际上，本研究是将市辖区人民政府及其派出机构作为一个整体来看待，不过在分析中更加侧重街道办事处，因为街道办在具体的政策执行层面投入的精力更多，拥有的自由裁量权也更大。此外，本书中的地方政府主要是指省、市两级政府。

2. 基层行政

行政的本意是执行、管理，作为一种组织的职能，更多的是指行使国家权力的活动，亦即所谓的"公共行政"。美国学者古德诺（2011：13）认为，在所有的政府体制中，都存在着两种主要的或基本的功能，即国家意志的表达和国家意志的执行。国家意志的表达就是政治，国家意志的执行就是行政。在国家治理的视野下，政治与行政可以被理解为决策与执行的关系。国内研究者一般也从执行的层面来定义行政，但往往是从广义的角度出发，比如把行政界定为："国家权力机关的执行机关依法管理国家事务、社会公共事务和机关内部事务的活动"（夏书章，1991），"国家行政主体依法对国家和社会事务进行组织和管理的活动"或"国家行政主体实施国家行政权的行为"（胡建淼，1998），"国家基于公共利益对社会事务的组织与管理"（王连昌，1991），等等。

基层行政是一个复合概念，是把行政放在基层政府这一行政架构的最底层加以考察。有两个理解基层行政的角度：一是基层组织的行政，比如乡镇政府、街道办事处的职能履行；二是组织基层的行政，比如很多党政机关包括行政级别较高的部门，其内部架构和岗位往往有机关和基层的区分，机关负责决策，基层负责执行（董伟玮，2020）。我们主要从第一个角度来把握，把基层行政界定为基层政府以科层制的组织形式，执行上级政府的决策、完成各项职能履行的行为活动，本书主要关注的是集体经济运行和集体产权治理领域的基层行政。

关于基层行政，以往的研究更多属于政治学意义上的，关注点主要集中在国家与社会框架下或是政府与社会关系上，比如强调基层行政方法的"半正式化"特征，理解其历史传统和现实意义（黄宗智，2008）；构建"双轨政治"的理想模型，强调基层社会自治传统，分析农村基层群众性自治组织即村委会行政化的原因及对策（项继权，2002）；考察城市基层自治组织的"内卷化"问题（何艳玲、蔡禾，2005）；等等。本书分析基层行政，主要将其置于基层政府与集体产权运行的关系之中，相比之下着眼点更为集中和聚集。

3. 农村集体产权

农村集体产权是一个在中国语境下具有特殊意义的概念。党国印（1998）把集体产权等同于集体所有制，认为这一概念源自马克思主义经典作家并且没有得到严格定义，在中国又伴随意识形态的强制力而深入人心，事实上是许多产权结构形式的统称。周其仁（2004）也经常把集体所有制和农村集体产权交替使用，认为农村集体产权既不是一种共有的、合作的私有产权，也不是一种纯粹的国家所有权，本质上是由国家控制但是由集体来承担控制结果的一种农村社会主义制度安排，这一描述可能更适用于计划经济时代的农村集体产权。上述研究主要突出了集体产权在中国情境下的特殊性，并且没有明确区分集体所有制和集体产权的差异。但从理论层面看，集体所有制和集体产权各自所对应的层次并不相同。集体所有制属于经济制度层次，主要用于宏观分析，意识形态色彩比较浓厚；集体产权更多停留在经济运行层次，常用于微观层面的经济效率分析。我们可以把集体所有制视为集体产权存在的基础（郭强，2014）。

一些研究者从对产权的具体分类来理解集体产权。傅晨（2001）根据产权主体的不同，把产权分为私人产权、社团产权和集体产权三种类型。他提出社团产权的主体是社团的全体成员，有两大特点。一是产权主体的资格取决于成员的资格，与生俱来，死不带走，全体成员共同拥有不可转让的产权。二是某个成员对资源行使权利时，并不排斥其他成员对该资源行使同样的权利，社团产权在成员之间是完全不可分且完全重合的。他认为，集体产权是一种有限的社团产权，如果社团的成员数量被限制在一定的规模，并通过平等的或歧视性的收费和制定严格的规章制度来进行约束，那么社团产权就被改造为集体产权。党国英（2013）提出的社区共同共有产权与傅晨的社团产权概念有一定的相似度，认为这种产权形式自古以来就存在，包括社区道路、社区宗教设施、祭祖设施、社区公学、社区公地等，这种集体性产权经常涉及社区的公共生活，与社区的平等和秩序有关。

此外，也有研究者从内部成员权利的角度定义集体产权。李胜兰（2004）提出集体产权是一个集体内部所有成员共同拥有的权利，不经全体同意，单个人不能决定财产的使用和转让。钱忠好（1999）认为集体产权是指参与者在行使他对资源的各种权利时必须由该集体按照一定的规则或程序做出决定，但这种资源可以以某种形式分解或对象化在其成员身上，其参与者必要时可以以有偿转让权利的形式退出该集体。

通过以上分析，我们可以发现研究者在界定集体产权时具有以下的特点。第一，集体产权是与中国特色社会主义实践紧密联系在一起的，政治因素不容忽视，农村集体产权是主要的关注对象。第二，集体产权具有明确的"边界性"，其社会边界是封闭的（折晓叶，1996）。对于集体内部成员来说没有排他性，权利的行使必须遵循一定的规则、由集体成员共同决定。第三，尽管集体产权理论上是一种整体性权利，具有不可分割性，但是在实践中集体资产及其收益可以以某种形式分割或"对象化"到集体成员身上，这就涉及集体收益分配这一焦点问题。从这些特征出发，研究者特别关心集体产权运行中容易产生的两个问题，即产权主体虚置导致的主体不明晰和产权权能行使不充分导致的低效率。

基于以上分析，本研究将农村集体产权界定为：在一定的农村社区边界之内，由集体成员按照一定规则，对集体资产进行占有、使用、交易、处置等各项权利的集合。

4. 农村集体资产

农村集体资产是农村集体产权运行的核心载体。2016 年发布的《中共中央 国务院关于稳步推进农村集体产权制度改革的意见》（以下简称《意见》），把农村集体资产分成三类：农民集体所有的土地、森林、山岭、草原、荒地、滩涂等资源性资产；用于经营的房屋、建筑物、机器设备、工具器具、农业基础设施、集体投资兴办的企业及其所持有的其他经济组织的资产份额、无形资产等经营性资产；用于公共服务的教育、科技、文化、卫生、体育等方面的非经营性资产。《意见》强调，上述三类资产是农村集体经济组织成员的主要财产，也是农业农村发展的重要物质基础。在一些地方政府，对于集体资产的分类略有不同，其中比较多见的一种划分方式是农村集体经济组织的"三资"，即资源、资产、资金。这种划分方式更加细致，以"资源"替代了"资源性资产"的概念，资产主要用来指代各类经营性资产和非经营性资产，而且把资金专门单列出来。

在本书中，我们主要参照中央文件的划分方式来理解集体资产的概念，其中重点关注集体土地以及各类经营性资产，特别是作为集体物业的各类建筑物。

（二）理论分析工具：激励性规制理论

本研究关注基层政府塑造农村集体产权实践的政策导向和行为模式，

聚焦行政权力在农村集体资产经营管理中的运作方式。在更宽泛的视野下，本研究的考察内容可纳入政府行为与经济发展之间关系的研究范畴，特别侧重于政府对经济活动的干预。对此，作为西方经济学理论的重要分支——政府规制理论提供了经典的分析视角。其中，激励性规制理论由于契合了农村集体产权规范化治理的过程，能够对基层政府的各项政策措施给予全面而系统的解释。

政府规制是社会公共机构（主要是行政机关）依照一定的规则对经济主体（主要是企业）的活动进行限制的行为（植草益，1992），可分为直接规制和间接规制两类。间接规制主要是指对不公平竞争的管制，即司法机关通过反垄断法、民法、商法等法律对不公平竞争行为进行间接制约。直接规制是指由行政机关和立法机关直接实施的对自然垄断、信息不对称、外部性、社会公害等市场失灵问题进行干预的行为，包括经济性规制和社会性规制。自20世纪中后期美国正式实行政府规制以来，西方发达市场经济国家的政府规制实践经历了加强规制—放松规制—再规制与放松规制并存的动态演进过程（张红凤，2005），并在20世纪70年代形成了系统化的政府规制理论。目前，政府规制理论可分为传统规制理论和新规制理论两类。

一般而言，传统规制理论包括公共利益理论、规制俘虏理论和规制经济理论三类。公共利益理论强调政府是社会福利最大化者，通过规制来矫正市场失灵以实现公共利益最大化；规制俘虏理论认为政府规制是为满足产业对规制的需要而产生的，提高的是被规制产业的利润而不是整个社会的福利，强调规制政策制定与实施过程中利益集团的作用；规制经济理论则是将经济学引入规制问题中，用经济学的思维和分析方法对规制问题进行解释，代表人物包括斯蒂格勒、佩尔兹曼和贝克尔等（茅铭晨，2007；年海石，2013）。传统规制理论更多是一种假说，侧重于解释为什么要规制、规制能达到什么效果等问题，而对于怎样进行规制的问题往往没有充分考察，激励性规制理论则着重研究如何对政府规制政策提供理论指导，并力图提出具体的规制手段。

传统规制理论展开的一个前提是假定规制者和被规制者之间的信息是

对称的，而现实世界往往并非如此。因此，如何在信息不对称条件下实现最优规制就成为更具现实意义的研究方向，这就是激励性规制理论的关注内容。这一理论产生于 20 世纪 70 年代末 80 年代初（Laffont，1994）。为解决信息不对称带来的逆向选择和道德风险问题，西方经济学家建构了不同模型，构成了激励性规制理论的基本内容（曹永栋、陆跃祥，2010；张红凤，2005）。其中，洛伯和马盖特是最早将规制过程视为委托-代理问题的学者，他们同时将激励机制引入其中，翻开了政府规制理论研究的新篇章（Loeb & Magat，1979）。拉丰和泰勒尔将道德风险问题引入管制模型，并提出了逆向选择和道德风险共存于委托-代理模型中的最优激励方案，使规制经济学的发展达到了另一个高峰（Laffont & Tirole，1987）。

激励性规制理论将政府规制视为委托-代理问题，运用委托-代理理论对规制活动进行解释。其中，规制者即政府是委托人，被规制的市场主体是代理人，政府规制的过程就是委托人和代理人的博弈过程。代理制的存在意味着代理人掌握着委托人无法获得的信息或隐藏其行动，相应地可能造成逆向选择和道德风险的问题。激励性规制理论注重考察规制环境中的信息不对称和规制者与被规制者之间的契约关系和互动过程，特别将激励机制引入规制理论以提高规制效率，解决由信息不对称所引发的逆向选择和道德风险问题。而解决问题的关键就是设计出既能充分激励被规制主体，又能有效约束其利用特殊信息优势谋取不正当利益的激励规制合同或机制。在政策实践中，一些国家形成了激励性规制的具体方式，主要包括特许投标制度、区域间标杆竞争、价格上限规制等。

激励性规制理论聚焦政府与企业之间的关系，将政府规制置于委托-代理的博弈过程中来研究，形成了复杂而严谨的经济学模型，要解决的是被规制企业配置效率和生产效率低下的问题。本书尝试借助激励性规制理论的核心思想而非经济模型或具体制度设计，并将其应用范围限定在农村集体经济发展领域，考察基层政府针对农村集体资产经营过程实施的规制措施。之所以选择激励性规制理论作为分析工具，主要是基于以下考虑。

第一，本书的主体内容是基层政府介入农村集体产权实践的制度规范和政策措施，在广义上属于政府规制中直接规制的范畴。

第二，激励性规制理论强调的规制者与被规制者之间基于信息不对称的互动过程，展现了本书涉及的重要研究对象之间的关系。尽管基层政府是直接监管农村集体经济运行的行政力量，但是农村集体经济组织作为独立运行的自治性组织，具有相对自主的法律地位，同时也是一类特殊的市场主体，是农村集体资产真正的直接掌控者。在实践中，随着农村集体经济的快速发展，基层政府和农村集体经济组织之间存在着越发严重的信息不对称问题，甚至在不同层级的集体经济组织如经济联社（行政村）和合作社（村小组）之间也是如此，这是行政力量参与农村集体产权实践的最大现实。

第三，激励性规制理论着力解决的作为代理人的被规制者的逆向选择和道德风险问题，在农村集体产权实践中呈现多种表现形式。在珠三角地区，农村集体经济发展造就了大量"利益密集型"村庄，在社会各方力量监管不到位的情况下，乡村干部腐败、集体资产流失、资产交易暗箱操作等问题普遍存在，损害了农村集体的根本利益和集体成员的切身利益，甚至发展成为影响基层社会稳定的主要因素，这是近年来基层政府深入介入集体产权实践、不断强化制度约束机制的直接原因。

第四，激励性规制理论的最终目标是提高市场主体的生产经营效率，进而增进社会公共利益，这与基层政府推动农村集体经济发展的政策导向相一致。农村集体经济作为社会主义公有制经济的重要组成部分，其快速健康发展是中央顶层设计的首要目标。基层政府力图通过系统化的规制措施推动农村集体经济规范运行，在此基础上实现多重目标，包括推动农村集体资产保值增值，保障发展成果更公平惠及集体成员，以及完成各项不同的基层行政目标，等等。

第五，相较于激励性规制理论衍生的各种单一规制方式如特许招标制度，基层政府介入农村集体经济运行过程形成的一系列政策措施更加复杂，涉及农村集体资产的使用、交易、收益分配等不同环节，多样化的规制措施为拓展激励性规制理论的外延奠定了更加丰富的经验基础。

因此，本研究以激励性规制理论为分析工具，以农村集体经济组织及其具体实践为规制对象，很大程度上拓展了原有理论的适用范围。同时，本研究选取的政府规制实践也成为各章节的重点内容，主要包括以下主题：集体资产使用的清晰化管理、集体资产交易的程序化管理、集体收益的特定分配即干部报酬管理、集体经济运行中的民主化管理等。这些内容集中展现出了基层政府规制的政策方向。

五　主要研究内容与研究创新之处

（一）主要研究内容

本研究共由七个部分构成。除了导论和结论之外，第一章至第五章为研究主体部分。导论在介绍研究背景和提出研究问题的基础上，对相关研究文献进行系统性回顾，并对研究对象、研究方法、主要概念、理论分析工具等做出界定，同时提出本研究的主要创新之处。第一章基于快速城市化进程和近郊非农集体经济崛起的背景，对桃源街道集体经济发展情况做了系统性梳理。既对集体经济发展历程进行历史性回顾，也从行政角度描述了当前集体经济发展的基本情况。

第二章至第五章分别从集体资产使用的清晰化管理、集体资产交易的程序化管理、集体收益分配中的干部报酬管理以及集体经济运行中的民主化管理四个方面，对蓝天区及桃源街道规范农村集体产权运作的各类典型实践做出具体描述和分析，着重突出基层政府介入其中的政策导向。第二章关注集体资产使用的清晰化管理，对基层政府推进集体资产清理核实、第三方审计等工作进行综合性考察，指出清晰化管理存在的问题和改进方向。第三章关注集体资产交易的程序化管理，系统考察基层政府在集体资产交易过程中实施的各项政策和措施，以及对集体资产交易流程的管理方式。第四章关注集体收益分配中的干部报酬管理，立足集体经济组织干部这一特殊群体，描述基层政府介入干部薪酬发放的具体过程，分析这一特殊集体收益分配项目的意义。第五章关注集体经济运行中的民主化管理，考察贯穿集体资产的使用、经营、管理等各个环节的民主参与问题。最后一部分为结论，对全书进行总结，归纳租赁型集体经济条件下政府规制的实践倾向和主要特征，并展望政府规制的优化方向。

（二）研究创新之处

本书创新之处主要包括三个方面。

第一，专门分析基层政府在集体经济运行和集体产权建构中的作用，弥补已有研究的不足。关于产权研究，近年来在经济学学科之外形成了"产权的社会视角"研究范式，集体产权成为这一范式之下的主要研究对象。在产权的社会建构过程中，政府显然是实力强大的一类参与者（曹正汉、冯国强，2016）。不仅如此，我们认为政府尤其是基层政府，是独立于参与社会建构各类主体之外的一种独特力量，必须给予专门的深入考察，特别是在集体产权建构中更为重要。以往对非农集体经济发展中政府角色的关注主要集中在乡镇企业领域。在农村集体产权制度改革时代，对于以集体土地为基础的各类经营性集体资产运作中的政府角色关注相对不足，本研究意图在这方面加以推进。

第二，将政府规制理论引入农村集体产权实践中，并以激励性规制理论作为考察行政力量介入其中的分析工具。既有研究在考察基层政府与农村集体产权的关系时，或是遵循"嵌入性治理"的研究方向突出行政权力的非正式运作，或是沿着"独立化运作"的方向强调行政权力与集体产权的分离，比如脱嵌治理、场域分化等概念的提出皆是如此，对于基层政府专门针对农村集体产权实践的大量规制措施缺乏系统而深入的梳理。本研究以基层政府落实的农村集体资产经营管理的若干重点工作为线索，既展现出农村集体经济运行的基本过程，又从中梳理出基层政府介入集体产权实践的规制路径，其中后者是本书的研究重心。

第三，通过长期的参与观察和实地调研，获得大量一手资料，细致展现具有代表性的非农集体经济运行过程。本研究获得经验资料的基础，主要为笔者在桃源街道的挂职锻炼以及后来的持续关注。在城市化进程加快、经济结构调整、农村集体产权改革深化等多重因素的交织下，基层政府面临的挑战越来越多，既需要准确理解上级文件精神，又面临大量需要快速裁断的新情况、新问题。在这种错综复杂的形势下，基层政府的具体实践可能产生很多意外的后果，对集体产权运行的各类影响不容忽视，而这些实践背后的逻辑同样也值得深入分析。越是在这种情况下，越需要更加细致地描述基层政府行为，这是本研究注重收集一手资料的重要原因和价值所在。

第一章　农村集体经济的发展现状

1987 年 1 月，南州市郊区在改制为南州市蓝天区并列入城区建制后，重新组建了新禾镇，当时全镇区域面积达 56 平方公里，下辖共 16 个行政村，其中包括现桃源街道辖内的 4 个经济联社（原行政村）：清水、罗山、石桥、高旺。新禾镇建镇之初就迅速确立并贯彻工业化方针，充分发挥毗邻中心城区的地理优势，发展了一大批具有多种所有制形式的工业企业，后来成立的桃源街道及辖内 4 个经济联社非农集体经济的兴起也始于这一时期。本部分梳理新禾镇早期工业化发展的历史线索，考察桃源街道辖内集体经济非农化发展的历程，并分析桃源街道非农集体经济的发展现状。

一　农村集体经济的发展历程

（一）城市近郊乡村工业化的兴起

在改革开放之前，新禾镇及周边地区的产业形态一直是以农业为主，在种植业、林业、养殖业、畜牧业、水产业等多种类型上均有涉及，大量剩余农产品都用于供应南州主城区市民需求。从 1987 年建区设镇开始，新禾镇就积极利用经济建设的灵活政策，依托丰富待开发土地资源划定工业开发区，集中力量吸引外部资本，迅速投入工业化潮流当中。最初工业化的方式主要是引进和建立各类制造业工厂，诞生了大量专注于日常生产生活用品制造的企业，相关业务覆盖纺织、漂染、家具、玩具、制衣、制鞋、灯饰、陶瓷、五金加工等多个领域。在引进企业和资本方面，采取了"外引内联"、"三来一补"、外商合资合作、提供场地供外商独资兴办等灵活方式。在自建工厂方面，乡镇、村社①、群体、个体等都成为兴办主体直接参与到工业化进程中。伴随着乡镇企业的大量出现，新禾镇建镇早期工商业总产值快速增加，具体如表 1-1 所示。

表 1-1　新禾镇各类工商业产值情况（1988～1995 年）

单位：万元

年份	工商业总产值	其中			
		镇办	村办	社办	个体办
1988	9945	5351	1226	1722	1646
1989	10711	5040	2033	2243	1395
1990	14892	8391	1737	1883	2881
1991	14955	5983	2014	3515	3443
1992	22202	7475	3281	3054	8392
1993	31009	10772	5598	9099	5540
1994	39688	9030	5585	16370	8703
1995	40877	9500	7100	16070	8207

资料来源：《新禾镇志》，2002，南州市蓝天区新禾镇政府编修。

无论是市场导向型农业的长期积累，还是乡镇企业的蓬勃兴起，很大程度上都得益于新禾镇与南州市中心城区直接接壤的地缘优势。这一模式符合"城郊工业化"的发展特征，是城市扩散效应和乡村人口聚集相互交织的自然结果，被认为比那种远离城市、分散孤立的乡村工业化具有更多优势，有利于有效发挥城市功能、促进城乡之间协调发展（方辉振，2006）。也有学者把这种模式称为"半城镇化地区"的乡村工业化（林永新，2015），同样突出的是工业化转型所属地域的特色。需要注意的是，新禾镇行政区划的面积较大，56 平方公里的广阔地域呈南北狭长形分布，南部地区因更加靠近城市中心而优势相对明显，工业化进程更快、城镇建设水平更高。因此，尽管新禾镇整体上都属于"城郊工业化"的范围，但实际上在区域内部还存在地缘优势上的不均衡。

从地理位置上看，桃源街道所辖地区位于原新禾镇中部，目前属于蓝

---

① 在本研究中，"村社"指代的是村级集体经济组织即经济联合社及其下属组织经济合作社。

天区北部四镇和其他街道的交界地带，推进工业化的先天区位优势并不突出，某种意义上是一种兼具城乡二元特点的"过渡形态"。从经济形态上看，改革开放之前农业一直是桃源地区主导性的产业形态，至今仍然保留有一定规模的农业生产用地。根据蓝天区农业部门的统计数据，桃源街道现有基本农田 1612 亩，生态公益林 264 亩，分散在四个经济联社，其中清水、石桥的农田面积最大。同时，街道办还设有专门对口的街辖事业单位——农业技术服务中心负责管理相关事务。农业生产的长期存在和广泛分布，是桃源街道区别于蓝天区其他街道的显著特点，也是其与乡镇地域的发展模式相类似的地方。因此，无论是地理位置，还是经济形态，桃源街道都是兼具镇和街的差异性特点的综合体，这对集体经济发展乃至整个街道合作社会发展产生了长期影响。

改革开放以来，尽管农业在经济结构中的地位越来越边缘化，在经济增长中所占的比重越来越小，但是在桃源地区种植业发展中一直存在着一种极具特色的农作物，即闻名于南州市乃至整个珠三角地区的石桥桃花。石桥的桃树种植传统至今已经有百余年的历史，甜桃在很长一段时间内成为增加村民收入的重要农作物。从 19 世纪 80 年代开始，由于桃花观赏的经济价值快速提升，石桥村民开始改种观赏性桃花，并且在每年农历新年前集中出售，这一特色产业一直延续至今。除观赏性桃花这一农产品之外，桃源街道还有另外一种具有悠久传统的产品——源自家庭手工业的箩筐。罗山村民自清代起就有世代相传的织箩手艺，农闲时专门编织箩筐出售以补贴家用，因此罗山村一度也被称为织箩村。在乡村工业化进程开启之后，桃源地区桃花种植面积越来越小，织箩手艺更是早已不复存在，特色农业和传统手工业被大量制造业工厂所取代。

在新禾镇管辖时期，桃源地区四个经济联社及其下属的合作社总体上依然是地缘优势的受益者，在吸引外商投资、兴办各类工厂、建设工业园区等方面的表现均有可圈可点之处，外来企业进驻和村社自办工厂相得益彰。其中，一些规模较大的工业项目甚至还成为新市镇的代表性经济实体。比如，高旺经济联社曾经与国企（南州市皮革厂）、外商共同合股经营代工厂——亿邦鞋业，工厂建筑面积 3 万平方米、建筑投资 2000 万元，年产鞋量一度达到 300 万双,产值超过亿元,企业职工最多时有 3000 多人。当然,桃源地区这些表现得益于镇一级政府在统筹协调和宏观规划方面的大力支持,同时也是桃源村民自身主动谋求经济发展的积极结果。有学者把这一时期乡镇企业的快速发展视为资本驱动下的"乡村增长主义"(张天泽、张京祥,2018),但是地方政府和基层村社作为经济建设主体的主动性和能动性同样不能忽视。

(二)集体土地的工业化利用

20 世纪 80 年代至 90 年代,新禾镇外商投资企业和乡镇企业的蓬勃发展,是珠三角地区早期乡村工业化的一个缩影,体现了集体经济非农化发展初始阶段的特征,其中最为关键的支撑因素就是集体土地及其非农化利用。大量制造业企业的兴起大大增加了土地非农化利用的需求,城市近郊的土地价值迅速提高,促使农村集体经济组织选择将土地转为非农使用。这种集体土地的用途改变、价值提升和收益增加,被一些学者视为集体经济组织及其成员的"土地发展权"(贺雪峰、谭林丽,2015;陈柏峰,2012;黄祖辉、汪晖,2002)。

这一时期珠三角地区集体经济转向非农化发展经历了几个重点步骤,主要包括:一是家庭联产承包经营方式改革之后集体土地的规模化集中化利用,二是农用地转为集体建设用地并进入市场参与工业化和城市化进程,三是社区型股份合作制改革规范集体成员分享收益。在这一过程中,最为重要的环节是农用地转为集体建设用地并进入市场,本质上是一种土地要素的再配置,通过土地与资本的结合实现了土地增值,在促进经济增长的同时集体成员也得以分享相应的收益。

1982 年,在坚持土地集体所有制的基础上,新禾地区开始自上而下推行以家庭为单位的联产承包责任制,各行政村先后陆续落实了土地承包政策。从 1985 年起,正式进入第二轮承包期,当时南北不同片区确定的承包期限分别为 10 年和 15 年。但是在工业化和城市化快速推进的背景下,新禾镇以及蓝天区很快就以股份合作制取代了家庭联产承包责任制,这是当时南州市各个靠近中心城区的行政区的普遍改革方向。1988 年,新禾镇建镇早期就开始探索试点推行农村合作经济股份制，至 1994 年全镇 16 个行政村就全部实行了这一制度。股份合作制既解决了农村劳动力转移进入非农就业领域之后享有集体资产的权益问题，又为村社集中统一使用集体土地创造了政策条件。

在早期，桃源地区的工业企业在兴办方式上主要有两种，一是以集体土地为基础性资源来吸引外部资本投资设厂，二是利用自有集体土地自行建设和经营工厂。前者是珠三角早期乡村工业化的主流形态，体现了鲜明的外资导向性；后者催生了大量集体企业，但是一段时期之后就普遍退出了市场。

在吸引外部资本方面，集体土地的利用方式主要有四种：一是合资经营，村社以集体土地的使用权、投资者以出资建造的工业厂房或其他经营性物业展开合作，集体经济组织以土地折价入股的方式参与企业利润分红，这种方式主要用于引进较大规模的外商投资企业；二是收取地租，集体经济组织通过出租"三通一平"（即通电、通路、通水、土地平整）的工业用地获得地租收入，其对象既包括从市外、省外引入的企业，也包括本区、本镇居民自办的企业；三是出让土地使用权获取资金，集体经济组织通过出让土地使用权获得资金，并以已有资金进一步开发土地、吸引投资、增加集体收益；四是出租物业，集体经济组织利用自有资金在集体建设用地上自建厂房并对外出租，从而收取各类物业租赁收入。

除了引入外部资本和企业之外，各集体经济组织也利用自有集体土地自建工厂。根据村史资料记载，在早年自建企业方面，桃源地区各级集体经济组织有大量中小型工厂甚至家庭作坊，制造多个行业领域的生产生活用品。比如，清水村有漂染厂、生铁铸造厂、橡胶厂、鞋底厂、标签印刷厂；罗山村有鞋厂、艺术陶瓷厂、工艺厂、砖厂；石桥村有制衣厂、不锈钢厂、刀模厂、玩具厂、红木家具厂、塑料鞋厂；高旺村有工艺厂、手袋厂、服装厂。村办企业尽管规模相对较小但数量较多，个别村的自办企业达到数十家甚至上百家，整体产值和利润同样可观，具体如表 1-2 所示。

表 1-2　桃源地区村办企业产值利润情况（1990~1995 年）

单位：万元

联社	1990 年		1991 年		1992 年		1993 年		1994 年		1995 年	
	产值	利润	产值	利润	产值	利润	产值	利润	产值	利润	产值	利润
清水	355	79	629	95	766	96	1043	70	1376	39	1884	107
罗山	534	16	16	2	113	3	1703	84	2020	90	2012	457
石桥	776	256	866	295	1030	288	1644	283	2458	201	3080	114
高旺	681	116	1250	121	1720	153	2057	355	2634	159	3280	280

资料来源：《新禾镇志》，2002，南州市蓝天区新禾镇政府编修。

　　一些研究者在总结珠三角地区早期农村经济发展模式时，往往立足外向型经济这一背景，对外部资本设立的企业进行重点分析，特别关注 20 世纪 80 年代至 90 年代中期大量的"三来一补"企业所构成的乡村工业化主体，并将其与"苏南模式"中以乡镇集体企业为主体的情形做比较（张敏、顾朝林，2002；新望、刘奇洪，2001；许高峰、王炜，2010；毛帅等，2012）。实际上，在珠三角不少地区，早期由集体经济组织兴办的乡镇集体企业数量也不少，只不过因为其所占经济份额少、存在时间较短、未成规模等而没有引起广泛关注，对桃源地区来说就是如此。集体经济主要实现方式是集体土地的非农化利用，而且这种利用包括"自用"和"他用"，即村社自行兴办乡镇集体企业和吸引外部资本建立企业。

（三）农村集体经济的租赁化转型

　　在乡村工业化早期，珠三角地区经历了利用农村自有土地兴办乡镇集体企业的短期繁荣，一段时期内适应了短缺经济时代的需求。但是，由于制度规范不健全、经营管理不专业、市场环境波动大、产权主体不明晰等多种原因，乡镇集体企业在 20 世纪 90 年代之后大都逐渐走向衰败。原来经营有大量工业企业的乡村，纷纷将企业对外承包、转卖给私人，或是直接关停，甚至在一些经济实力比较强的专业型市镇，村社集体自办企业的比例也越来越小（王颖，1996）。在这种背景下，各集体经济组织和村民也都开始意识到，"与其冒风险去搞企业，还不如把老祖宗留下的这点地办好"（蒋省三、刘守英，2003）。于是，从 20 世纪 90 年代后期开始，珠三角大部分集体经济组织转向从事土地开发，出租土地或自建厂房，极少去自行兴办和经营企业。集体经济的实现形式更加简单，变成了以收取土地或物业租金为主的租赁型经济，所承接的产业形态也从第二产业向第二和第三产业并存转变。

就新禾镇来说，乡镇集体企业的衰落是市场竞争力下降的结果，同时也推动了全镇经济发展导向实现了从自办集体企业到发展租赁型经济的方向性转变，这一转变的具体时间节点是1996年。从1996年初开始，新任新禾镇党委书记，同时也是新禾镇撤镇建街前最后一任书记胡继盛，经过数月的实地调查研究后，认为鉴于镇、村、社三级兴办企业效益变差、产品积压、拖欠贷款等问题日益严重，迫切需要转变经济发展思路，遂提出"暂停办工厂、主要抓商业"的新思路，要求进一步利用新市镇地处南州城区边缘的地理优势，大力兴办旅游、储运等流通环节的服务业，同时兴建各类专业市场、农贸市场、商场等，以改善村容村貌、方便村民生活。另外，他还特别提出乡镇企业以及集体经济组织要以物业出租为主，以承包经营为辅，明确了租赁型集体经济的发展方向，并贯穿至新禾镇撤镇建街前的整个时期。

在这一时期，桃源地区的经济联社特别是下属合作社，也都逐步退出了自办集体企业的行列，大部分小型工厂被关停，遗留下来的旧厂房或是用于对外出租，或是直接拆掉以整合土地资源，开发土地、管理物业成为此后集体经济发展的主要形式。自2002年桃源街道成立以来，辖内各集体经济组织很少再有自办企业，依托集体土地资源引进外部资本进入并建设工厂成为联社和合作社两级集体经济的发展常态，这种模式一直延续至今。目前，桃源街道集体土地或物业出租后的使用方式多种多样，既有大型企业和中小型工厂，也有各类商业主体如商场、店铺、酒店，还有仓库、停车场等储物空间，承租方包括政府、企事业单位、个体社会成员等。

租赁型集体经济的经营方式简单直接，一般按照土地或物业的面积收取相应的租金，其优势在于稳定性和持续性强，集体收入与进驻企业的生产经营效益关联度较低，能够最大程度实现"旱涝保收"。但是这种租赁型经济的劣势在于发展潜力有限，因为集体土地的供应量是有限的，经营性固定资产的升值空间也是有限的，甚至有可能成为影响产业转型升级和区域空间优化的障碍。更为重要的问题在于，租赁型集体经济采取的只是简单的"招商引资—转让（出租）土地或厂房—收取租金"的合作生产形式，自然无法带动区域整体的产业升级和结构调整（马学广、王爱民，2011），也很难实现与本地区经济社会发展的深度融合和同步推进。

对于租赁型经济而言，如果在前期没有进行充分科学合理的规划布局，就可能因为早期的低门槛而引入较多相对低端的经济业态，影响后续地区产业转型升级的进度，这恰恰就是桃源街道目前面临的情况。因此，从区域经济发展和社会治理的角度看，基层政府必须与集体经济组织形成更加紧密的联系。当前，租赁型集体经济的转型发展有赖于基层政府更多的介入，近年来桃源街道办事处的重要行政目标就是通过有条件地改造租赁型经济以推动区域产业转型升级。最普遍的方式是主动进行招商引资，协助集体经济组织引入较高层次企业进驻。另外，还会通过建设工业园区的方式推动产业集聚实现规模效应，比如在2017年桃源街道办就开始推动化妆品特色小镇建设项目，已经与大型地产公司签署了战略合作框架协议。

相比之下，一些发达地区生存下来的乡镇企业，反而在农村工业化进程中达到了"企业再造村庄"的目标，实现了经济发展之外的更深层次的村企融合，比如江苏无锡的华西集团公司、浙江东阳的花园集团、广东深圳万丰（集团）股份有限公司、北京昌平区郑各庄的宏福集团、上海的九星综合市场经营管理有限公司等（张强、安钢，2008）。这些村庄事实上已经成为运行效率较高的"公司型村庄"（郑风田等，2011），某种意义上充当了集体经济治理主体的角色，很大程度上减轻了基层政府在经济建设以及社会治理方面的行政压力，这与租赁型经济所在村庄相对弱势的集体经济组织形成了鲜明对比。

二 农村集体经济的发展现状

（一）集体经济组织基本情况

桃源街道辖内共有4个村级经济联社，即清水、罗山、石桥、高旺，每个经济联社下辖数量不一的合作社。在"村改居"转制之后，原来村的地域范围由不同的社区居委会服务管理，2017 年各个联社的基本情况如表1-3 所示。4 个经济联社都是城乡接合部地区典型的"城中村"，存在很多共性的问题，比如：区域规划建设管理滞后，市政设施经费投入不足，人居环境普遍较差，部分区域甚至成为"脏乱差"的代名词；外来流动人口规模大，居民出租屋数量多，公共治安管理风险和压力较大；集体经济组织内部治理结构不规范，日常监督管理不完善，基层党组织软弱涣散，群众越级上访事件频发；等等。但是在发展历史、地理区位、基层组织、社区建设等方面，各经济联社都具有各自不同的特点。

表 1-3　桃源街道辖内集体经济组织基本情况（2017 年）

联社	面积（平方公里）	户籍人口（人）	下辖合作社（个）	辖内居委会（个）
清水	2.0	3600	7	2
罗山	3.3	5400	11	2
石桥	5.4	8000	20	4
高旺	1.5	7500	10	3

资料来源：桃源街道办经济科统计信息。

　　清水经济联社所辖区域面积较小，建筑空间相对集中，这为快速推进人居环境整治项目提供了良好的基础条件。近年来，清水经济联社在生态人居环境整治方面成效显著，重点加强了道路硬化、河道治理、"三线"下地、"截污纳管"、环卫保洁、祠堂书舍等传统文化设施修复等一系列建设工程，村容村貌得到了较大程度的改善，成为桃源街道综合环境整治的正面典型。

　　罗山经济联社集体经济发展基础良好，辖内早年兴建并持续优化的产业片区已经形成了相对成熟的工业园区及其配套设施，自桃源街道成立以来已经有多家知名"四上"企业进驻，包括一些大型上市企业。

　　石桥经济联社所辖区域面积最大，可耕地也最多，达到 1500 亩，是桃源街道辖内农业生产的主要地区。联社下属合作社数量众多，集体经济发展水平差异较大。部分合作社由于地理位置不佳、自然资源较少、经济基础薄弱等原因，集体收入相对较低，集体经济发展难度大。

　　高旺经济联社地理位置最为优越，不但紧邻连接南州市与郊区县的一条交通繁忙的一级公路，同时还占据了靠近高速公路入口的有利位置，集体资产在交易市场上的竞争力强、升值潜力大。但是，长期以来联社基层组织班子内部不团结，导致集体经济发展受阻。

（二）集体经济收支基本情况

桃源街道4个经济联社集体经济的基本形式就是集体土地和物业出租，这也是集体经济收入的主要来源。根据调研，近年来集体收入会随着经营状况而有所增减，但是在蓝天区总体经济运行表现平稳的情况下，桃源街道辖内各个农村集体经济组织的收入并没有发生剧烈的变化。一般而言，如果在政策层面不发生大范围的征地拆迁、大规模的工业园改造等大型工程项目，集体收入通常不会出现大幅增减的情况。经济联社和合作社两级集体经济组织分别掌握了一定数量的集体资产，联社所拥有的资产主要是村办集体企业遗留下来的，合作社的资产则既包括集体土地，也包括集体物业。有些经济联社所拥有的集体资产还比较多，比如罗山经济联社拥有村、社两级全部集体资产的一半左右。表1-4至表1-7反映了2017年桃源街道村社两级集体经济组织收支的基本情况。需要说明的是，虽然各联社都成立了相应的经济发展公司，但是其主要作用是方便日常账目往来，比如代扣税金、代开发票等，因此相应收支情况没有反映在表格中。

表1-4反映了清水经济联社集体经济收支情况。清水经济联社2017年依托集体资产所得的收入总计为4468万元，净收益2721万元。各合作社的集体收入最高为639万元，最低为336万元，集体收益最高为514万元，最低为163万元，平均每个合作社收益约为354万元。清水联社在桃源街道辖内4个经济联社中面积相对较小、合作社数量最少、户籍人口最少，因而集体收入的总规模也最小，但是平均到每个合作社，其集体收入和收益并不算低。

表1-5反映了罗山经济联社集体经济收支的基本情况。罗山联社是桃源街道辖内集体经济运行最好的集体经济组织，无论是总的集体收入还是最终的集体纯收益都是全街最高的。与街道其他合作社相比，罗山辖内各个合作社集体收入普遍较高，2017年大都接近或者超过了500万元，其中

第六、第十一合作社集体收入超过了 1000 万元，同时村级经济联社一级集体收入也超过了 1000 万元。

表 1-4　清水联社集体经济收支情况（2017 年）

单位：人，万元

组织名称	总资产	收入	支出	收益	股东人数	年终分配额
经济联社	2031	853	612	241	—	—
第一合作社	1309	336	173	163	405	92
第二合作社	2749	639	125	514	630	142
第三合作社	2291	469	165	304	420	86
第四合作社	1325	463	167	296	550	99
第五合作社	3200	561	145	416	510	210
第六合作社	2597	531	125	406	465	254
第七合作社	2391	616	235	381	415	268
合计	17893	4468	1747	2721	3395	1151

资料来源：根据蓝天区"三资"管理平台生成数据、联社上报数据整理。

表 1-5　罗山联社集体经济收支情况（2017 年）

单位：人，万元

组织名称	总资产	收入	支出	收益	股东人数	年终分配额
经济联社	31693	1082	707	375	—	—
第一合作社	2979	477	236	241	379	307
第三合作社	1587	331	230	101	247	133
第四合作社	1587	471	222	249	222	162
第五合作社	2501	761	282	479	357	305
第六合作社	4917	1236	299	937	390	521
第七合作社	2208	493	170	323	325	215
第八合作社	2754	571	354	217	400	283
第十合作社	1875	783	365	418	486	370
第十一合作社	3355	1060	412	648	525	470
第十三合作社	2715	749	284	465	318	420
第十四合作社	2899	568	343	225	245	201
合计	61070	8582	3904	4678	3894	3387

注：鉴于风俗习惯和村规民约，罗山经济联社下属 11 个合作社中没有第二、第九、第十二合作社，石桥和高旺经济联社也存在类似情况。

资料来源：根据蓝天区"三资"管理平台生成数据、联社上报数据整理。

表1-6反映了石桥经济联社的集体经济收支基本情况，集体收入总计达6944.1万元，集体收益也达到4022.3万元。与清水、罗山以及高旺经济联社相比，尽管石桥经济联社在辖区面积、合作社数量、户籍人口三个方面都优于其他三个联社，但是集体资产、集体收入并不是最多，一些合作社集体收入相对较少，甚至收不抵支，无法向社员进行股份分红。比如，2017年第十一、十三、十四、十五、十六、二十合作社的集体收益均低于100万元甚至低于50万元，第十八合作社更是入不敷出。同时，经济联社的支出也大于集体收入。石桥部分合作社集体经济欠发达的首要原因是所在地理位置距离街道的主干道和中心区相对偏远，增加了外部厂商进入的时间、交通等成本，招商引资的自然条件和社会条件不具有竞争力。同时，广泛存在的永久保护性基本农田也影响了集体土地的非农化利用。

表1-6　石桥联社集体经济收支情况（2017年）

单位：人，万元

组织名称	总资产	收入	支出	收益	股东人数	年终分配额
经济联社	4685	1073	1141	-68	—	—
第一合作社	2611	813	126	687	410	490
第二合作社	2603	586	199	387	394	246
第三合作社	2175	499	80	419	571	316
第四合作社	1198	322	138	184	558	199
第五合作社	1501	221	78	143	406	135
第六合作社	2108	387	140	247	384	144
第七合作社	1801	361	84	277	345	156
第八合作社	1638	393	146	247	375	174
第十合作社	2798	471	195	276	437	195
第十一合作社	92	40	12	28	257	5
第十二合作社	1284	348	139	209	305	154
第十三合作社	156.8	23.1	22.8	0.3	213	0
第十四合作社	602	94	51	43	288	63
第十五合作社	235	98	21	77	290	52
第十六合作社	580	127	60	67	265	21
第十七合作社	1782	412	78	334	295	160

续表

组织名称	总资产	收入	支出	收益	股东人数	年终分配额
第十八合作社	251	24	35	-11	263	18
第十九合作社	364	131	16	115	265	21
第二十合作社	1206	179	83	96	230	21
第二十一合作社	1853	342	77	265	241	125
合计	31523.8	6944.1	2921.8	4022.3	6792	2695

资料来源：根据蓝天区"三资"管理平台生成数据、联社上报数据整理。

表1-7是高旺经济联社集体经济收支的基本情况，2017年高旺联社集体收入总计为6607万元，净收益为3038万元。联社下属各合作社之间集体收益差异比较大，集体收益较少的第六、第八合作社均不足100万元。

表1-7　高旺联社集体经济收支情况（2017年）

单位：人，万元

组织名称	总资产	收入	支出	收益	股东人数	年终分配额
经济联社	2532	1016	558	458	—	—
第一合作社	5010	943	593	350	380	223
第二合作社	2842	661	285	376	160	285
第三合作社	2786	903	578	325	470	375
第四合作社	2027	454	246	208	204	199
第五合作社	4548	836	458	378	398	237
第六合作社	1271	242	157	85	226	122
第七合作社	3567	683	380	303	374	202
第八合作社	496	204	108	96	276	84
第十一合作社	504	270	85	185	201	174
第十二合作社	2251	395	121	274	209	205
合计	27834	6607	3569	3038	2898	2106

资料来源：根据蓝天区"三资"管理平台生成数据、联社上报数据整理。

（三）集体收益分配基本情况

在实行社区型股份合作制的集体经济组织中，面向集体成员的收益分配是集体经济发展过程中的焦点问题。表1-4至表1-7最右两列反映了各集体经济组织的股东人数和年终分配额，其中股东一般是指年满 16 周岁、具有本社户籍的自然成员，年终分配额则是指在净收益的基础上扣除了集体公益金、扩大再生产基金、管理费、人员工资等费用之后的剩余数额（高旺经济联社还设有专门的集体股，要求占总股权数的 51% 以上）。桃源街道 4 个经济联社的章程中关于股东股权配置方法的规定大致相同，都是计算人口工龄股：在每个集体成员年满 16 周岁以后，以 5 股起计，之后每劳动、读书、参军、工作一年计 1 股，直至 25 股为满股，不再增加。各个合作社每年结算一次，将本年度收益扣除相关费用后，按照社员所占股份分红，计算到人。根据 2018 年各经济联社上报的分红情况，清水、罗山、石桥、高旺 4 个联社每股股值平均数是 246 元、426 元、166 元、350 元，在满股情况下相应的分红额度为 6150 元、10650 元、4150 元、8750 元。

拥有集体经济组织成员资格是获得股份及分红的前提，各经济联社章程对此都有详细的规定，特别是对于一些特殊群体，如外地结婚迁入、征地招工、"农转非"、"提干"、达到退休年龄等各类人员的处理方式均有明确规定。目前，存在的主要争议是户口仍然在原合作社的外嫁女是否应该获得分红，应该如何获得分红。对此，尽管各经济联社章程都有相关的规定，具体内容如表 1-8 所示，但是在具体执行中没有得到外嫁女的认同，外嫁女股份分红问题成为长期困扰桃源街道办和各集体经济组织的难题，这也是珠三角地区普遍存在的矛盾，在个别地区外嫁女股份分红问题甚至超过当地信访总数的 80%。

表 1-8　各经济联社关于外嫁女股份和分红的规定

联社	关于未迁出户口的外嫁女股份和分红的规定
清水	以领取结婚证之日起按应分得的人口年龄股参加当年股份分红，次年将户口迁出
罗山	出嫁后只能一次性享受 5 年应得的股份分红
石桥	自领取结婚证之日起两年内按原股数分红，满两年后统一固定配 8 股且不再增加
高旺	自登记结婚之日起享受三年的股份分红，三年后股权自动消失

资料来源：各经济联社股份制章程。

由表 1-8 可知，桃源街道各集体经济组织对于户口未迁出的外嫁女，通常给予一定时间的股份分红，超过期限之后自动停止分红，而且规定分红仅限于外嫁女而不包括其子女。石桥联社稍有不同，采取的是固定配股的方式长期保持分红状态。蓝天区大部分街道和镇的集体经济组织也采取了类似规定，但是外嫁女群体对上述规定并不认同，要求得到与其他村民同等的待遇，包括选举权、被选举权、土地承包分配权等，特别是要求获得同等水平的股份分红权利。当各集体经济组织拒绝相关要求，甚至拒绝执行法院要求发放股份的判决时，外嫁女往往采取越级上访的方式表达诉求，这种现象近几年在蓝天区十分普遍。

在桃源街道，尽管没有发生过外嫁女上访事件，但是大量上访案例产生了示范效应，越来越多的外嫁女开始要求获得与同社社员同等待遇的股份分红。由于集体经济组织每年会给村民发放一次股权分红，而许多合作社不主动履行相关法律义务，在外嫁女没有股权证的情况下每年都会产生一批外嫁女纠纷。行政机关和司法机关只能逐年重复处理多批甚至同一批外嫁女的股权问题，同时增加了当事人的维权成本和行政司法负担，街道办相关科室工作量也大大增加。

对于外嫁女问题，上级政府通常以《中华人民共和国宪法》《中华人民共和国妇女权益保障法》等法律法规为依据，要求基层政府以保护农村妇女权益为最高准则和基本方向，重视和解决好外嫁女群体提出的诉求。比如，广东省曾经专门印发《关于进一步完善村规民约维护农村妇女合法权益的意见》，要求改变少数地区村规民约中歧视妇女、与法律法规政策相抵触的内容。问题在于，《中华人民共和国妇女权益保障法》等法律的相关条款是围绕男女平等政治理念做出的抽象权利规定，无法直接作为对外嫁女进行司法救济的依据，其保护的主体是全体妇女，而不是特指"外嫁女"这一群体（桂华，2017），这些法律法规政策在解决外嫁女问题的适用性上是不充分的，但是这无法改变各级政府同情和支持外嫁女的立场。

但是，外嫁女争取自身权益的行为未必能得到各级集体经济组织及其成员的认同，就桃源街道而言反而是反对意见居多。高旺第三合作社社长认为联社章程关于外嫁女股份和分红的规定符合村规民约的要求，是全部集体成员约定俗成的结果，具有合法性，而且也具有合理性。他的观点具有一定的代表性：

> 她们有些都已经嫁出去十几二十年了，还回来要股份，不就是看到其他联社的有人拿回了股份就跟风，有些还要求自己的小孩也要有股份，也要分红，实在太过分了。我们的集体收入就那么多，碰上经济形势不好的时候自身都难保，难道还要养她们的世世代代？本来她们一些人嫁到另外一个联社，有了集体成员资格，就会拿到那个联社的一些股份。现在好了，她们还想着两边占便宜，"婆家娘家吃两头"，哪有这么好的事（访谈资料，HSA20170807）。

为了彻底解决外嫁女问题，蓝天区已经于 2019 年继续扩大集体经济组织股权固化的范围，桃源街道是辖内集体经济组织尚未进行股权固化的街道之一，被纳入了这次股权固化改革的范围。理论上，在完成"死不减、生不增"的股权固化之后，股权流转会成为社员本人、家庭、家族的"内部事务"，这样政府可避免直接介入集体经济组织成员股权配置的复杂关系中。但是股权固化能否真正解决好外嫁女问题，还需要更长时间的持续观察。

三　农村集体经济的特殊主体

在桃源地区，除了农村集体经济组织之外，农村集体经济还存在另外一种形态，即由街道办直接控制，但并不参与经营的集体企业。桃源物业管理有限公司就是这样一种形态，是由原镇办企业经过转制而形成的。目前，该企业仍属于集体企业范畴，但是一直在向一般性的市场主体转型。

（一）镇办企业的兴起与变迁

珠三角早期村级工业发展是一个调动各级集体经济组织参与兴办乡镇企业的过程，推行了所谓"五个轮子一起转"的发展思路，即调动乡镇、管理区、经济联社、联户、个体五方的积极性来兴办企业、发展工业。其中，乡镇（基层政府）是兴办集体企业的重要主体，一段时间内成为村级工业发展的引领者和主力军，集体企业也为乡镇政府带来了可观收益。一般而言，珠三角地区早期工业化时期乡镇政府与镇办企业之间的关系可描述为：第一，镇政府是镇办企业所有权的代表，可以所有者的身份管理企业，并直接参与相关投资活动；第二，镇政府通过其派出机构——经济发展总公司对镇办企业具体行使管辖权；第三，镇经济发展总公司通过"承包经营责任制"间接管理镇办企业，通常以契约的形式聘用经理厂长负责开展生产经营活动。（陈镇雄，1992）。

新禾镇在1987年成立时就组建了新禾经济发展总公司，与新禾镇经济发展委员会属于"两块牌子一套人马"，主要职责是统筹管理原有镇办集体企业、兴办经营新的集体企业。新禾经济发展总公司所辖企业最多时达到18家，涉及工商业多个领域，部分镇办企业的产值利润情况如表1-9所示。可以发现，在20世纪90年代中期以前，新禾大部分镇办企业是处于盈利状态的。在具体运作方式上，镇办企业也相对比较灵活，在经营遭遇困难时的回旋余地较大，这与当时很多管理僵化、经营乏力的国有企业形成了鲜明对比。以新禾墙纸厂为例，该厂原本由新禾镇政府经济委员会于1987年投资兴建，全厂占地面积6230平方米，其中厂房面积为5500平方米。投产时却由外商以"南州芝加哥墙纸有限公司"的名义进行经营。由于经营不力，在1992年被转租给港资公司经营，镇政府以厂房和机械形式出租，收取租金。

2002年新禾镇撤镇建街一分为二，新禾经济发展总公司也被拆分为两家公司，其中大部分资产归于桃源街道办事处。桃源街道办事处成立之后随即成立了桃源物业管理有限公司，承接的是原新禾镇经济发展总公司的工作人员和资产，有时在对外关系上也使用"桃源经济发展有限公司"的名称，但实际上二者是同一个经济实体。由于此前新禾镇大部分镇办企业已经搬迁、转制或者关停，桃源物业管理有限公司从事的业务主要就是遗留物业或集体土地的出租，并作为街道办所属集体企业一直运行至今，成为街道管辖的具体部门之一。

在珠三角地区，还存在不少像桃源物业管理有限公司这样的街道或镇所属的集体企业，它们是"政企不分""政企一体"时代的产物，也是乡镇集体企业改制不彻底的结果，理论上也应属基层集体经济的一部分。但是，此类经济实体很多时候没有引起广泛关注。可能是因为这些集体企业尽管在经营方式上同属租赁型经济，但是其经营规模相对有限。更重要的是，它们在性质上与村级集体经济有较大差异，主要是管理主体的不同：乡镇或街道所属企业由基层政府负责管理，理论上应该由包括各村村民的全镇或全街居民共同占有，实际上却成为满足基层政府使用需求的下属部门，甚至被视作内设机构而存在。而村级集体经济则由经济联社或合作社管理，是更主流、更具代表性的集体经济形式。

表 1-9　新禾镇部分直属企业产值利润情况（1991~1995 年）

单位：万元

企业名称	创建年份	1991 年		1992 年		1993 年		1994 年		1995 年	
		产值	利润	产值	利润	产值	利润	产值	利润	产值	利润
机械厂	1958	442	23	227	27	391	10	390	21	253	16
化工厂	1959	75	6	81	−1	138	5	135	24	287	16
石灰厂	1977	250	−13	164	−23	188	2	235	8	260	1
汽配厂	1977	375	82	469	151	605	199	656	236	1030	128
建筑公司	1978	4227	427	6028	652	10911	889	14747	1238	14403	907
新禾酒店	1984	2413	9	3880	18	3687	10	1004	27	1005	48
加油站	1985	1037	19	1277	18	1795	51	1210	67	1363	66
贸易公司	1986	213	23	230	18	309	24	217	13	133	4
墙纸厂	1987	260	−20	203	−20	86	33	659	33	—	—
制鞋厂	1989	2800	18	4881	290	4700	529	5255	86	4692	102

资料来源：《新禾镇志》，2002，南州市蓝天区新禾镇政府编修。

（二）街属集体企业发展现状

桃源物业管理有限公司目前所拥有和管理的物业资产分布在桃源等 7 个街道（共 12 处），这种相对分散的布局是由蓝天区内部行政区划多次调整造成的。所拥有或管理的集体资产从来源上看大致可分成三类：第一类是目前仍在经营的原新禾镇的镇办企业，比如仍在营业的新禾酒店；第二类是原镇办企业搬离或关停之后遗留的厂房和土地，比如原新禾制鞋厂、原新禾机械厂等厂房，这部分物业是目前桃源物业管理有限公司拥有最多的资产；第三类是早年与村社签订协议租下集体土地，然后通过招商引进外部资本建设的物业，物业公司本身并不拥有这些资产和土地，只是负责相关的后勤管理事项。物业公司以"低价"从村集体租来土地，然后在招商过程中再以"高价"租给外部资本，从中赚取"地租差"，这种模式在桃源街道辖内有两处，分别位于清水联社和罗山联社，两处都用作由外部资本投入建设的面向皮革皮具的大型专业市场，吸纳了大量商户企业进驻租用。

近年来，桃源物业管理有限公司经营状况比较稳定，2016 年收入总计3204 万元，与 2015 年 3164 万元的总收入相比，增长率为 1.3%，实际的利润是 1690 万元，全部利润中上调街道办款项为 1200 万元，成为支撑街道各项开支的重要基础。表 1-10 反映了 2017 年桃源物业管理有限公司的基本收支情况。

表 1-10　桃源物业管理有限公司收支状况（2017 年）

单位：万元

项目	项目	金额	项目	金额	备注
收入	企业上缴收入	213	收入共计 3399.2 万元	—	原镇办集体企业
	物业收入	3186.2		—	含转租村土地租金
支出	付村租地租金	372.2	—	—	—
	管理费用	988	在职人员工资奖金补贴	168	在职人员 12 人
			退休员工工资及医疗费	12	退休人员 4 人
			待岗人员及临时工工资	13	下岗 12 人临时工 1 人
			住房公积金	22	
			养老保险及医保费	58	
			其他费用（公司）	110	办公、交通工具等
			税金	605	
	偿还借款利息	288	—	—	借款月利率 5.75%
	折旧	150	—	—	—
利润		1701	—	—	含上调街道办款项1200 万元

资料来源：通过实地调查、访谈得到。

目前，桃源物业管理有限公司共有在职工作人员12名，大部分是原新禾镇经济发展总公司转来的老职工，年龄普遍偏大，近年来也很少招聘新员工。在街道办不少领导和工作人员眼中，物业公司的工作是一个"闲差"，"人多事少工资高"。但是在公司内部老职工看来，他们也为自己所做的选择付出了代价，桃源物业管理有限公司副总经理表示：

> 在2002年建街的时候，我们经济发展公司的人是有机会选择进编制的，就和现在的公务员一样。但是当时大部分人留在了公司里，因为那时公务员工资比较低，经济发展公司效益好，创收多，待遇也好，所以选择留下来也是很好理解的。不过这些年我们和街道公务员的待遇差得越来越多，和我同样工龄的人可能在街道已经是处级领导了，福利待遇上自然比我高很多。最关键的是我们的退休待遇按企业标准来发放，非常低。现在我们物业公司既要做好日常经营工作，还要配合完成街道分配的各项具体任务，临时性任务非常多，干的是街道的活，享受的是企业的退休待遇（访谈资料，HLJ20170608）。

在访谈中，我们得知桃源物业管理有限公司的发展目前面临三大难题：一是不少物业由于投资建设主体不清、部分土地性质变更等原因而无法办理产权证，这给未来的稳定经营造成了潜在风险；二是公司经营内容相对单一，主要靠收取物业租金维持运转，发展潜力十分有限，需要在开发创意产业园、拓展新兴投资渠道等方面有所推进；三是一些历史遗留问题长期得不到解决。比如，蓝天区另一个街道——泰景街道办为推进辖内高速路两侧环境整治项目，在2010年对原属桃源物业管理有限公司的部分厂房物业进行拆迁，并将所占土地做复绿处理，当时协议的拆迁补偿款是189万元，但是这笔款项一直没有偿还。自拆迁复绿起已经过去10年时间，泰景街道办早已更换了多任领导，这一笔未支付的拆迁款目前已经成为历史遗留问题。

另外，由于桃源物业管理有限公司很多物业和土地处于蓝天区其他街道管辖范围，桃源街道办对这些外部物业进行升级改造的意愿并不强烈，为了避免不必要的麻烦往往做"冷处理"。比如,物业管理公司曾于2012年将位于蓝天区云石街辖内一栋大楼连同附属场地一并租给承租方开发使用。2014年,承租方计划在附属场地上新建一栋四层大楼及地下停车场,并约定与物业管理公司分别各占新建大楼及地下停车场一半面积的所有权。之后,承租方又提出升级方案,计划在四层大楼基础上增加至10层,并将新建大楼改造成为适用于中小企业及科技创新企业的众创产业园,所需费用全部由承租方负责。同时,该项目经过蓝天区相关部门评估已经列入2016年第一批实施计划的优质企业转型升级项目。按照这一方案及此前协议,桃源物业管理有限公司将获得7856平方米建筑面积的所有权,大大显著提升经济收益,但是桃源街道办事处一直没有明确答复,该项目也一直未有进展,某种意义上说明了街道办缺乏支持物业公司发展的绝对动力。

总体上看,桃源物业管理有限公司作为街属集体企业,所持有的资产规模并不小,但由于政策环境和自身条件所限,类似的基层政府所属的集体企业普遍存在经营项目单一、发展方向不清晰的问题,既没有办法像国有企业一样得到上级政府的重视,也没有比较宽松的环境像私营企业一样开拓创新,还要与所在基层政府的发展思路相契合。在这种背景下,2019年3月,蓝天区通过了镇街企业改组方案,并于4月底成立了集中管理镇街属企业的管理性公司——蓝天公有资产运营有限公司,在2019年底前分三批完成了蓝天区12个镇街所属企业的接收托管工作,全部实行统一监管,桃源物业管理有限公司也在其中。

根据蓝天区政府的要求,这次针对镇街企业托管改革的目的是完成镇街企业政企分开的任务,提高企业运营效率,建立起规范高效的国有企业监管机制,实现"以企业监管企业、用市场手段规范经营行为"的目的,打造一个全区公有资产统一的发展平台,加强区属国有企业和镇街企业之间的沟通联系,促进公有企业之间投资、融资、经营等多方合作,形成互相支持、共谋发展的良好局面。对于桃源物业管理有限公司来说,这次改革也许是从更高层次挖掘发展潜力、提升经营效益的一个契机。

(三)街办集体企业的特殊地位

现存乡镇或街道所属的集体企业是政企一体时代的遗留产物,尽管理论上仍然属于集体经济的一种特殊形态，但是这些公有资产越来越走向"国有化"，蓝天区专门成立公有资产运营有限公司以接收托管镇街企业就体现了这一趋势。在具体运营过程中，街属企业不可避免地要与村社集体经济产生交集。比如，前文提及的桃源物业管理有限公司的一种收入模式——早年租下集体土地然后再转租给外部厂商以获取"地租差"，是改革开放早期在信息不对称的情况下基层政府对村集体经济组织资源的一种"变相利用"，本质上是一种不平等的合作关系。事实上，由于镇街办集体企业从属于基层政府的特殊定位，类似的不平等的合作关系时有出现，比如在政府征地过程中桃源物业管理有限公司就得到了"特殊待遇"。

2017年11月30日，蓝天区政府与南州市教育局正式签署合作建设南州实验中学蓝天校区的协议，校址选在桃源街道和隔壁科望街境内，大部分区域属于桃源街道清水经济联社。协议签署之后的首要任务就是完成集体土地的征收工作。在这一项目中，集体土地征收总面积为889.3亩，拟建设住宅、商业、医院、一所完全中学（包括示范性高中）。项目用地具体分布情况为：桃源街道565.8亩，其中清水经济联社集体土地563.9亩，罗山经济联社集体土地1.9亩；科望街323.5亩，其中科众经济联社集体土地178.6亩，长平经济联社集体土地144.9亩。项目用地及分地块功能情况如图1-1所示。

图1-1　南州实验中学蓝天校区地块功能示意

说明：图片来自蓝天区国土规划局文档资料，本研究做了相关技术处理。

由于涉及优质教育资源的进驻，征地范围涉及的居民对这一项目总体上是支持的，甚至愿意低价让地支持教育事业发展，因此征地工作推进也比较顺利。但是，清水联社部分合作社社长和居民仍然对征地方案提出了异议，其中一项非常重要的内容是对征地方案中划定的征收范围故意绕开桃源物业管理有限公司的物业提出疑问。在此次征地项目中，涉及需要拆迁的非住宅类房屋建筑面积总计达 82833.8 平方米，其中绝大部分是清水联社第二合作社的集体物业，主要集中在图 1-1 中的 B、C、D、E 四个区域。集体物业被拆除对第二合作社集体收入影响很大，一条能够长期获得稳定收益的渠道被中断。更重要的是，征地范围的划定被清水第二合作社居民认为是不公平的，因为从地理位置上看，最应该被征收的地块（图 1-1 中的区域 A）没有被征收，因为这个地块是属于桃源物业管理有限公司的。对此，清水联社第二合作社社长曾经专门来到桃源街道办事处经济科表达诉求：

> 这次征地我们清水二社的损失最大，为了教育事业让步我们没话讲。但是对于这次征地范围很多社员群众有看法，因为看了征地方案的红线图大家很容易就能发现，物业公司那块地离征地的核心范围最近，是最应该被征的，但就是没有被划进红线里。你看看这个征地范围的图明显有个不规则的缺口，不能因为那是物业公司的地就不征，不能因为那里有个专业市场就不征，要讲道理。我们二社土地上的那些厂房也是实实在在的集体物业啊，而且那还都是养活我们村民吃饭的厂房。为什么不能多征些街道物业公司的地，给我们二社多留点养家糊口的土地和厂房呢？（访谈资料，HBH20180129）

从这一诉求可以看出，清水第二合作社社长和部分社员认为土地征收范围没有把区域 A 计算在内非常不合理，他把原因归结为该区域是桃源物业管理有限公司的土地，认为街道办事处在制订征地方案时"做了工作"，有意保护物业公司，这种"保护"对于第二合作社来说是一种间接的利益侵占。对于第二合作社来说，征地拆迁的补偿费尽管看上去不少，但只是"一锤子买卖"，未来这些被征收的土地会因为靠近市属优质高中，地块升值潜力越来越大。所以如果尽量能少征收一些土地，留下更多土地以待开发才是最符合合作社利益的选项，对于桃源物业管理有限公司来说同样如此。

区域 A 是桃源物业管理有限公司自新禾镇时期就拥有的土地，2017 年通过招商引资的方式引入了一家公司投入资金开发建设皮革五金专业市场，在项目计划征地时主体建筑才刚刚建设完成。从桃源街道办和物业公司的角度看，这一园区计划发展成为成熟的商业市场，对于增加物业公司收益以及街道财政收入的重要性不言而喻，最终征地方案没有把这一地块纳入征收范围。这一案例表明，在面临民生项目征地拆迁的情况下，基层政府及其所属的集体企业与村级集体经济组织之间形成了相互争利的局面，后者处于相对弱势和利益受损的境地。

第二章 农村集体资产使用与基层政府的清晰化管理

改革开放之后，家庭联产承包责任制取代了人民公社制体制，传统的农业集体经济日渐式微。而农村集体经济在向非农化转型过程中重新焕发生机，并且经历了从"工业型"向"后工业型"的演变过程，从竞争性的、村社集体参与经营的产业经济逐渐变成了非竞争性的、村社集体不参与经营的"地租经济"（夏柱智，2021）。在租赁型集体经济中，进入市场的集体土地和集体物业是集体资产的主要构成、集体收入的基本来源，也是基层政府治理集体产权的主要对象。本部分聚焦农村集体资产的存在状态和使用过程，通过考察蓝天区政府职能部门和桃源街道办事处开展的清产核资、第三方审计、大额资金支出预警等措施及其具体实施过程，分析基层政府针对农村集体资产的存在状态和使用过程推动清晰化管理的政策导向，指出其面临的现实挑战和未来优化方向。

一 农村集体资产使用过程的行政监管

（一）集体资产清晰化管理的基本取向

新中国成立以来，政府推动农村集体经济发展大致经历了三种不同模式，即计划经济时代以合作化运动强力组织发展农业集体经济，改革开放初期扶持村级集体发展以乡镇企业为载体的工业集体经济，20 世纪以来不断强化市场机制的作用，同时以行政力量规范村级集体经济发展。目前，农村集体经济的发展正处于市场逻辑和行政逻辑共同支配的阶段。对于缺乏自主发展能力又缺乏发展动力的农村集体，经济发达地区具有反哺能力的地方政府正在探索"治理性发展"的新路径推动集体经济发展（张彬、熊万胜，2020），即政府通过各种治理任务的安排和治理项目的精准投放来推动农村集体经济的发展。对于农村集体经济长期比较活跃且已有相当积累的地区，地方政府作为外部监管者的角色十分突出，特别是对集体资产的监管力度越来越大。

长期以来，农村集体资产都是地方政府推动集体经济发展过程中的重点关注对象，针对农村集体"三资"（农村集体资源、资产、资金）使用的监管工作则是集体产权治理的重要内容。2016年12月中共中央、国务院印发《关于稳步推进农村集体产权制度改革的意见》，重新划分了三类农村集体资产：农民集体所有的土地、森林、山岭、草原、荒地、滩涂等资源性资产，用于经营的房屋、建筑物、机器设备、工具器具、农业基础设施、集体投资兴办的企业及其所持有的其他经济组织的资产份额、无形资产等经营性资产，用于公共服务的教育、科技、文化、卫生、体育等方面的非经营性资产。同时，特别要求开展集体资产清产核资，通过对集体所有的各类资产进行全面清产核资，摸清集体家底，健全管理制度，以防止资产流失。因此，各级政府都将推动农村集体资产的清晰化管理作为集体产权制度改革的重要抓手。对于集体资产的归属问题，基层政府反而并不直接参与微观层面的界定过程。即使是开展清产核资、明确集体资产的所有者，一般也只是把农村集体资产的所有权确权到不同层级的农村集体经济组织。

按照集体资产清晰化管理的政策导向，除了清产核资之外，近年来地方政府对集体资产经营过程中财务管理、资金使用、合同订立等重要事项的要求也越来越严格，特别是在珠三角地区更是如此。农村集体资产作为集体成员共同所有的公有资产，得到了国家行政权力强有力的监管，这意味着以国家为代表的全民所有制与以村集体为代表的集体所有制共同分享了掌握集体资产运行的权力（卢俊秀，2013），农村集体所有制下的集体资产某种程度上在被以"国有化管理"的方式约束。行政权力监管力度加大的首要目的在于强化集体公有和集体成员共有的属性，降低可能出现的集体资产流失、内部少数人控制和外部资本侵占集体资产的风险。

在农村集体经济整体比较发达的珠三角地区，持续完善集体资产的监管机制成为近年来地方政府最重要的工作之一，这与农村集体经济发展初期的"野蛮成长"及其积累的复杂矛盾有关，更与地方政府长期未能全面准确地将集体经济发展纳入监管视野有关。很长时间以来，地方政府更多是将鼓励农村集体经济组织自主发展经济作为优先目标，相对忽视了农村集体资产的规范使用问题，最具代表性的就是对集体土地的利用。

在2019年《中华人民共和国土地管理法》修订之前，农村集体建设用地入市在国家法律层面并没有得到承认，只有经过国家征用后将集体土地变为国有土地，才能出让给市场主体使用，这就是所谓的政府管控土地一级市场。但是在珠三角，自改革开放以来，地方政府对于农村集体在集体土地上办企业、与外来资本合办企业，总体上是持鼓励态度的，至少是不禁止的。而广东省政府早在2003年就发布了《关于试行农村集体建设用地使用权流转的通知》，以行政条例的形式承认了农村集体建设用地入市的合法性。这一做法尽管提高了农村集体的自主权和发展经济的积极性，但是在规范经济发展方式、防范经济运行风险方面却不足。由于行政力量的约束性长期不足，不可避免地带来了集体土地的不当使用、集体物业的违法建设等问题，最终影响了集体经济质量的整体提升和地区经济社会的长远发展。

（二）集体资产清晰化管理的现实要求

在城市化进程不断加快、农村集体资产快速升值的背景下，近年来各级政府越来越注重对非农化发展背景下的农村集体资产进行全面梳理和有效监管，这成为珠三角农村集体经济相对发达地区的首要任务，这一政策导向主要出于以下三个方面的原因。

第一，把握农村集体经济发展形势的需要。对于珠三角很多地市来说，农村集体经济是伴随着城市化进程的一种特殊经济形式，构成了地方合作社会发展的重要组成部分，也是各级农业农村管理部门的重要工作内容。其发展状况不仅涉及集体经济组织成员的日常福利，而且与所在区域的产业发展转型、生态环境保护、城市总体规划等宏观议题息息相关。长期以来，粗放式出租集体土地和低端物业的"租赁型集体经济"，代表了低技术含量、低附加值的经济形式，而且使得大量"散乱污"企业工厂甚至家庭作坊聚集，造成生态环境污染、城市物理形态杂乱、安全生产风险等问题。因此，地方政府和基层政府一直试图通过各种方式推动集体经济转型升级，包括统筹规划产业园区、引入外部资本整体改造等，而全面准确把握农村集体经济发展情况，就成为保证其健康发展，进而推动其转型升级的第一步。而完成这一目标最直接的方式，就是全面梳理集体资产的类型、产权归属、使用功能、经营状况等具体信息，并形成可供地方政府制定政策时的决策参考。

第二，强化农村集体资产公有属性的需要。农村集体经济作为公有制经济的一种类型，最突出的特点就是其"集体性"。但是由于产权主体模糊，在外部监督不到位、集体成员参与度不高的情况下，集体资产存在着演变为私人物品的风险，最终使得全体集体成员利益受到损害，近年来在珠三角地区频繁被查处的村干部腐败案大都涉及对集体资产的非法侵占。因此，对于地方政府特别是基层政府来说，强化集体属性、保障集体利益，是集体经济发展中不可推卸的属地管理责任，而填补管理漏洞的核心要求就是对不断增值、动态变化的农村集体资产的具体信息尽可能进行清晰化梳理。这种清晰化状态能够大大提升监管效率，通过行政威慑压缩暗箱操作的空间。同时，对农村集体资产进行清晰化梳理的结果并不仅仅是由地方政府掌握，而且还会通过多种形式向集体成员公开展示，如村务公开、数据库查询等，保证了普通群众的知情权，并推动形成更加广泛的社会监督效应。

第三，防范基层公共安全风险的需要。租赁型集体经济是一种通过引入外部市场主体而存在的经济形式，必然覆盖不同类型的行业和领域，而且还涉及生产、经营、储存、销售等不同市场环节。对于大量租赁集体土地、承租集体物业的中小型工商业企业，在增加经济形态多样性和经济运行活跃度的同时也加大了基层治理的潜在风险。事实上，地方政府、基层政府乃至集体经济组织都很难对各类经济活动进行全过程监管，但是通过对集体资产的全面梳理，可以更加快捷地从中识别可能存在的潜在风险点，并有所侧重地予以重点跟踪监控。珠三角地区很多农村集体经济大量存在于城乡接合部甚至城市中心的"城中村"，风险暴发造成的人员、财产等连带损失不可估量。对于各级政府来说，保障基层公共安全是加强地方治理的底线，租赁型集体经济衍生的风险则是防范重点，针对集体资产的清晰化管理自然成为首要政策措施。

尽管对农村集体资产的有效监管十分迫切，但是由于珠三角地区非农化集体经济发展历史较长，农村集体资产种类繁多，使用功能转换频繁，动态的实时监管十分困难，而这恰恰要求基层政府在这方面投入更多精力。本部分深入考察桃源街道集体资产清晰化管理的典型举措，分析相关政策措施在具体实施过程中面临的挑战和基层政府的解决方案。

二　政府主导下集体资产清晰化管理的现状

农村集体资产的有效管理是中央确定的推进农村集体产权制度改革的重要内容。在农村集体经济相对发达的地区，各级政府越来越重视对集体资产实行清晰化管理的政策导向。作为珠三角农村集体经济发展的代表，蓝天区近年来对农村集体资产的监管力度越来越大，监管措施也越来越规范。2015 年，蓝天区试图推出针对农村集体"三资"进行全面精细化管理的"一揽子计划"，制订了全面详尽的工作方案，但是计划最终并未完全成形。

（一）集体资产清晰化管理的理想设计

针对农村集体资产长期无法全面准确掌握的现实困境，蓝天区农林局于 2015 年专门制定《农村集体"三资"精细化管理的工作方案》并向各镇街和区有关部门征求意见。工作方案是对蓝天区农村集体经济组织管理实践中长期积累的矛盾的一次总回应，试图通过全面部署建立规范化集体经济管理模式，最终形成产权清晰、权责明确、经营高效、管理民主、监督到位的农村集体经济组织"三资"管理体制和运行机制，以切实解决农村"三资"管理中存在的突出问题，确保集体资产保值增值、社员收入持续稳定增长、社会和谐安定。其中最为核心的内容就是针对集体资产的"一图四库"的信息化管理模式，即农村集体土地资源、物业资产网格图，土地使用权库、物业所有权库、物业使用权库、合同库。

第一，完善行政管理机构。完善组织架构、充实行政力量是地方政府推动各项政策落实的首要环节，对于农村集体经济管理也不例外。在人员结构方面，工作方案统一要求每个街道设置专门的"三资"管理办公室，由街道一名分管副主任担任办公室主任一职，主管科长担任办公室副主任，设置一名专职人员，共同负责街道辖内具体的"三资"管理工作。街道向每个联社派驻一名区域管理人员，专门负责每个联社及所属合作社的"三资"管理工作。在职责分工方面，街道集体"三资"管理办公室主要职能是对集体经济组织"三资"进行精细化监管。办公室主任负责辖区内"三资"精细化管理的指挥、督办和联系协调工作，副主任负责具体的监管事务，专职人员负责日常的管理工作，派驻的联社区域管理员负责每个联社及合作社的"三资"管理事务，包括财务公开监控、资产交易监督、重大事项审查备案等管理工作。

第二，全面清查集体资产。以合作社为单位划分集体资产网格，并绘制出网格图，全面核查集体资产状况，形成产权清晰的土地物业地形图。一是测绘现状图。通过国土部门基础地理信息数据以及规划部门的用地规划等土地、建筑物的基本情况，获取最新最准确的土地现状测绘图纸。二是划分经济单元。根据精细化管理原则以合作社为单位划分基础经济单元，在测绘图纸上细分所属地块，分清权责利关系。三是收集资产信息。基层信息核查人员到每个经济单元详细了解资源性资产现状（包括面积、土地性质、权属关系、经营现状等）和经营性物业资产现状（包括占地面积、楼层数、房间套数、租住对象、经营现状等），入户了解每一项资产现状并与图纸逐一核实，形成"一图一表一档案"，核查结果须进行公示，征求社员意见并作最终确认。

第三，建立完善集体资产数据库。以每一个经济联社为一个大管理区域，以"一图四库"和"三资"管理平台信息为基础，随时掌握本经济单元内的资源资产变化情况，及时更新信息、及时跟踪监管。一是建立土地使用权库。以经济联社为单位，按所有权属细分至各个合作社，建立农村集体经济组织土地资源库，将收集并经集体经济组织确认的农业用地（包括耕地、林地、鱼塘、荒地、滩涂等）和建设用地、公益事业用地清查表格录入电脑，按实际使用状况登记确认形成集体土地使用权库。二是建立物业所有权库。将基于集体土地上进行建设开发利用的属于集体所有的以及在一定期限后预期属于集体所有的上盖建筑物全部登记造册，建立集体物业所有权档案。三是建立物业使用权库。将属于集体经济组织所有的集体物业按实际使用者权限情况全部登记造册，建立集体物业使用权档案库，做到账实相符。四是建立合同库。"三资"管理平台所登记的合同台账应依据土地库和物业库的资料进行对应编制，每份合同都有一个独立的电子编码，所有经营性资产都必须按照规定签订合同，并逐一登记入库。

第四，规范制度建设。加强村（经济联社）和社（合作社）两级管理制度建设，合作社接受（村）经济联社的领导和监督，以（村）经济联社为单位实行"四个统一"，即统一章程、统一财务管理、统一合同管理、统一公章管理。加强镇街对村（经济联社）社（合作社）两级的管理监督职能，重点在于组织管理村社的重大事项、合同、干部报酬、社员分红等。在建立"一图四库"数据资料和财务管理资料的基础上，依托"三资"管理平台，开展任期审计、年度审计和专项审计，建立规范有序的层级管理体系，进一步加大资金合同的监管力度。

（二）集体资产清晰化管理的实际状态

蓝天区农林局作为农村集体经济的主管部门，起草的"三资"精细化管理工作方案最显著的特点，就是试图以制度规范和技术手段一劳永逸地解决集体经济发展中的突出矛盾。特别是试图通过地理网格图、资产数据库等信息化平台，清晰掌握各类资产内容及其变动状况。但是，由于工作方案中不少内容在人员编制、财政投入、部门协调、区域统筹等方面的要求超出了现有条件，因而在征求意见阶段得到了一些不够积极的反馈，最终未能成功发布而仅停留在征求意见阶段。

针对农村集体"三资"的精细化管理方案，代表着基层政府试图以行政力量彻底厘清集体资产监管工作的政策导向。尽管没有得到全面实施，但是工作方案中很多内容是一直在持续推进的工作，包括完善行政架构、落实制度规范、推动部门联动等。以处于先导地位的行政机构建设为例，目前全区不少街道办陆续成立了农村集体"三资"管理办公室，通常由一名街道办分管领导专门统筹协调、一名在编专职工作人员具体负责，同时设置若干工作人员负责联系各联社具体工作。但是就桃源街道办而言，目前尚未在机构形式上成立"三资"管理办公室，"三资"工作只是街道办经济线口分管领导所牵头的多项工作之一。尽管具有事业编制的"三资"专职工作人员已配备到位，但是具体工作人员数量仍然紧缺，街道办派驻各个经济联社的联络员无法做到"一对一"，只能"一对二"甚至"一对多"。更为重要的是，负责联络的具体工作人员都是以雇员身份存在的临聘人员，人员的流动十分频繁，影响了工作的连续性和稳定性。

在工作方案提出的各项措施中，"一图四库"作为提高集体资产管理水平最为关键的技术手段，也没有得到全面落实。其中，"一图"由于具有较强的专业性和较大的工作量，并且要求国土、规划等不同部门之间的协调以及各个集体经济组织的全力配合，最终没有成形。"四库"是各个集体经济组织一直在不断完善的台账信息，但是不同项目内容之间的边界并不明确，各类信息经常掺杂在一起。目前，对农村集体资产的监管主要依靠的是建于 2013 年的蓝天区集体经济组织"三资"管理平台这一信息系统，用以统一整合"四库"相关资料信息，但是这一平台在数据信息的完备性、准确性等方面还有很大的提升空间。

总体上看，经过农村集体经济的长期发展，基层政府针对集体资产已经形成了明确的清晰化管理方向，但是在具体措施的制定和实施方面仍然相对零散，落实中也遭遇了大量挑战。这既与农村集体资产形成、更新、使用过程积累的复杂矛盾有关，也与行政力量在基层的配置长期相对薄弱有关。作为集体资产清晰化管理的核心环节，高效、稳定、可持续的技术手段仍亟待完善。目前，蓝天区大多数镇街对农村集体资产的监管仍然主要依靠上级行政命令推动。尽管基层政府试图尽可能清晰准确掌握集体资产使用的全过程，但仍然无法完全避免信息漏洞问题。

三　集体资产清晰化管理的典型措施

面对数量庞大、类型多样的农村集体资产，蓝天区倾向于以行政命令的形式督促各镇街及辖内农村集体经济组织，通过不同方式进行周期性的系统梳理。近年来，以蓝天区农林局为牵头部门，形成了定期清产核资、引入第三方审计、大额资金支出预警三项典型的制度化举措，对集体资产基本信息和使用状态进行细致的监管，提高了农村集体资产的清晰化管理水平。

（一）清产核资："摸清家底"的常规行动

近年来，清产核资已经成为推动农村集体经济发展的常态化工作，是中央政府要求完成的"规定动作"。对于农村集体经济体量庞大的广东省来说，集体资产清理核实工作更是成为周期性开展的工作。在蓝天区，无论是达成上级政府要求还是完成本级政府自设任务，每一次清产核资都是年度重点工作，但工作内容大同小异，最近两次的清产核资工作分别于2015年和2018年实施。其中，前者是广东省委、省政府根据地区需要主动开展的工作，后者则是《中共中央　国务院关于稳步推进农村集体产权制度改革的意见》发布后，中央自上而下全面部署的工作。下面本书主要以2015年清产核资工作为例，对蓝天区和桃源街道推进情况进行全面考察。

1. 推进清产核资的工作流程

2015年7月，广东省农业厅、财政厅、国土资源厅联合发文，要求以2012年全省农村集体资产清产核资结果为基础，再次对全省农村集体资产进行清理核实，之后市、区、街道都相应制订了实施方案。对比不同层级政府工作方案的具体内容可以发现，尽管工作流程大同小异，但是各级政府关注的侧重点有所不同（见图2-1）。

省级工作方案坚持目标导向，始终瞄准全面提升集体资产数据信息质量的根本目标，设置了完整的工作指引和流程，将张榜公示和补充完善作为重点环节加以强调，同时突出建立电子化台账的终端环节要求。蓝天区工作方案则突出基层行政主体的特殊地位，强调发挥各个镇街主体责任和属地权限,要求将"边清边改"原则贯穿于资产清理核实的各个环节,而不是单独作为一个环节,特别强调最终结果由镇、街道复审确认后上报,由此确立"全流程整改"的思维。

相对于省、区两级工作方案,桃源街道注重在实际工作中适当简化程序、提高效率,充分利用现有条件确保如期完成目标,具体方式就是由各个经济联社对蓝天区农村集体经济组织"三资"管理平台已有数据进行更新和完善,并经结果公示后上报街道、上传平台。蓝天区农村集体资产清产核资工作任务如表2-1所示。

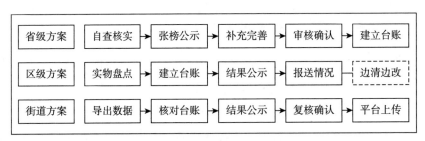

图2-1 各级政府农村集体资产清理核实工作流程

表2-1 蓝天区农村集体资产清产核资工作任务

序号	工作任务	主要责任单位	配合单位
1	成立镇、街道、村(经济联社)清理核实专项小组	镇人民政府街道办事处	各经济联社
2	镇、街道"三资"管理部门完成资产清理核实现有基础数据的整理及下发	镇、街道"三资"管理部门	"三资"管理平台的软件服务公司
3	联社、合作社完成实地核实资产的基础数据,查缺补漏	村(经济联社)	合作社
4	联社、合作社将清理核实的数据公示及补充完善,社委审议后盖章上交联社	村(经济联社)	合作社
5	镇、街道"三资"管理部门复核数据后,联社对数据进行汇总并上传至平台	镇、街道"三资"管理部门	村(经济联社)
6	镇、街道"三资"管理部门汇总辖下内资产数据并完成平台相关数据的录入	镇、街道"三资"管理部门	"三资"管理平台的软件服务公司

资料来源:《蓝天区农村集体资产清理核实实施方案》(2015年7月)。

乡镇政府、街道办事处作为行政体系的终端,尽管在集体资产清理核实工作中负有主体责任,并且高规格强化组织保障,成立由主要领导担任组长的领导小组，整合相关科室人员形成综合力量，但是落实上级政策的一线主体仍为村社两级集体经济组织，能否如期完成任务也要依靠两级集体经济组织特别是经济联社。在镇街政府对农村集体经济组织普遍缺乏有力约束，又无法直接代为推进具体工作的情况下，镇街政府只能以"软性手段"提高农村集体经济组织的自觉性和自主性，比如订立责任状、承诺书等，这也是区级政府经常认可采用的方式。从另一个角度看，这也是基层政府基于"避责"而做出的理性选择。为保证清产核资工作质量，桃源街道办要求辖内 4 个经济联社"两委"班子负责人签订并提交承诺书。①

承　诺　书

蓝天区桃源街道农村集体资产清理核实工作领导小组：

　　我单位遵守有关规定，认真落实本集体资产清理核实工作的主体责任，现郑重承诺如下：

　　一、贯彻落实《南州市蓝天区农村集体资产清理核实实施方案》的各项工作要求，认真完成集体经济组织（含经济联社、合作社）的资产清理核实工作，配合区有关部门做好清理核实抽查审计工作。

　　二、本单位清理核实自查结果、填报的资产登记表、提供的会计档案、合同等相关资料都是真实、完整的。

　　我单位将严格遵守本承诺，若有违反，愿承担相应责任。

党组织负责人签字：　　　　　　　　　党组织（印章）：

村（经济联社）负责人签字：　　　　　村（经济联社）（印章）：

村（经济联社）监事会（民主理财小组）负责人签字

　　　　　　　　　　　　　　　　　　　年　　　月　　　日

---

　　①　承诺书模板内容来自《蓝天区农村集体资产清理核实实施方案》（2015 年 7 月）。

事实上，在落实上级政府布置的具有挑战性的重大任务时，类似签订责任状、承诺书等手段往往是最常用的，但是其约束力十分有限。即使村社干部不完全履行承诺，也很难付诸有效的惩治手段。相比之下，依靠非正式的私人关系与村社干部打好交道反而能取得更好的工作效果。对此，桃源街道办经济科长期负责"三资"管理工作的一位同志认为：

> 不要说清产核资这样的大任务，就算是平常区里面要求报送的信息都不能及时从联社收上来，比如集体的银行账户就催了好多次才要上来，而且可能报送的还不一定是全部的账号。我们对联社工作人员没有什么办法的，有时候我们下去检查，个别联社的"两委"班子根本不理我们，分管领导去了才会打个招呼（访谈资料，XL20180521）。

2. 落实清产核资的具体内容

按照各级政府的部署，清产核资的对象不仅包括各种类型的集体资产，还包括农村集体资产经营过程中产生的其他事项，如财会项目、租赁合同、在建工程等。根据2015年广东省农村集体资产清理核实工作方案的要求，清产核资工作需要填报的内容都以登记表的形式集中呈现，每一个表格都尽可能详细列明了需要填报的具体项目，表2-2-1~2-2-3展示了工作方案中的部分登记表的样式。

表 2-2-1　清产核资登记表——资源性资产

资源编号	资源名称	摘要（地址、土名或位置描述）	资源类型	资产现状	产权状况	产权争议方或共有方	农用地面积（亩）		非农用地面积（m²）	
							清查前	清查后	清查前	清查后

（1）资源类型：耕地、园地、林地、水面、自留山、自留地、未用地、生活住宅用地、经济组织办公用地、公益用地、工矿用地、经营性用地、其他。（2）资产现状：承包、租赁、待租、自用、抵押、闲置。（3）产权状况：全部、部分、争议。（4）产权争议方或共有方：产权争议的对方名称或产权共有方名称。

表 2-2-2　清产核资登记表——经营性资产

资产编号	资产名称	摘要（地址）	资产类型	经营性资产/非经营性资产	资产现状	产权情况	产权争议方或共有方	开始使用年月	占地面积（m²）	建筑面积（m²）		原值（元）	
										清查前	清查后	清查前	清查后

（1）资产类型：厂房、仓库、店铺、办公楼、公益物业、宿舍、临建、混合、其他。（2）资产现状：承包、租赁、待租、自用、抵押、闲置。资产编号：物业资产所在的土地资源编号。（3）产权状况：全部、部分、争议。（4）产权争议方或共有方：产权争议的对方名称或产权共有方名称。

表 2-2-3　清产核资登记表——租赁发包合同

合同号	合同乙方		合同描述	资产资源编号	单元号	面积			发包或租赁金额		合同期				升租说明	是否账外补录
	名称	联系方式				农用地（亩）	非农业地（平方米）	物业（平方米）	每年收入金额（元）	总标的（元）	承包（租赁）年限	签订日期	开始日期	结束日期		

（1）资产资源编号：对应资产资源基本信息的资产（资源）编号。单元号：资源或资产的部分以单元号区分，例如物业的某层。（2）合同乙方：资源承包人或资产承租人、受让人等。面积：资源类为亩，建设用地和物业类为平方米。（3）每年收入金额：查查年度每年可收入的承包金或租金。升租说明：简略说明合同升租情况，如从第 4 年开始，每隔 2 年递增 5%。

对于各个镇街来说，集体资产清理核实的主体是农村集体经济组织，主要包括经济联社（股份合作经济联社）和合作社（股份合作社）以及农村集体经济组织独办、合办且控股的企业或者组织。清理核实范围是农村集体经济组织所有的资金、资产、资源，主要包括资源、物业、实物资产、其他资产、重要会计科目，在此基础上完成上级部门下发的清产核资分类登记表及汇总表的填报（见表 2-3）。

表 2-3　蓝天区农村集体资产清理核实具体内容

项目	具体内容
资源	农村集体经济组织所有或者国家所有但由农村集体经济组织长期使用的耕地、园地、林地等农用地，公共设施和公益事业用地、经营性用地等建设用地，荒山、荒沟、荒丘、荒滩等未利用地
物业	农村集体经济组织所有或者国家所有但农村集体经济组织长期使用的厂房、仓库、店铺、办公楼、公益物业、宿舍等

续表

项目	具体内容
实物资产	农村集体经济组织所有或者国家所有但由农村集体经济组织长期使用的交通工具、通信工具、办公设备等
其他资产	农村集体经济组织所有或者国家所有但由农村集体经济组织长期使用的土地经营权、商标权、著作权、专利权、其他无形资产
重要会计科目	农村集体经济组织所有的货币资金、长期投资、在建工程、应收账款、应付账款项等

资料来源：《蓝天区桃源街道农村集体资产清理核实实施方案》（2015年7月）。

3. 实施清产核资后的信息变化

经过半年多的集中梳理，蓝天区2015年清产核资工作顺利完成。就全区层面而言，与区"三资"管理平台的原有数据相比，清产核资结果呈现出了很大不同。具体包括以下几个方面。

一是进一步摸清了集体经济组织资产家底。2015年清产核资工作是在蓝天区农村集体"三资"平台已登记数据基础上的深化。对比清理前"三资"平台原有数据，清查结果显示集体资产五项主要指标全部呈正增长：集体经济组织的土地资源面积为774612亩，较清查前增长8.4%；物业面积为2982万平方米，较清查前增长24.2%；固定资产原值为109.7亿元，较清查前增长11.4%；合同份数为35456份，较清查前增长28.7%，合同年收益为43.6亿元，较清查前增长16.7%。

二是进一步规范了集体经济组织集体资产的管理。通过清产核资工作对集体资产的管理提出更高更严更精细化的要求，对会计台账、资产台账的录入、核对等各项工作进行更清晰的规范。例如，清查前存在土地、物业资产的地址与资产的实际地址不相符，同一土地、物业资产对应多份合同等不合理情况。清产核资工作通过对土地、物业资产的错误地址信息进行更正，厘清土地资产、物业资产之间的对应关系；通过细分土地、物业资产信息，明确合同与土地、物业资产的对应关系。

三是进一步完善了资产、合同信息。清产核资工作不仅有助于将之前录入的数据进行补全细化，同时有助于掌握很多之前没有录入平台登记的信息，这是最具成效的工作业绩。清产核资之后，蓝天区个别经济联社的土地资源面积、物业面积、合同份数都增加了数倍之多。比如，二营里经济联社在清查前仅在"三资"管理平台登记了两级集体经济组织的租赁合同共计 367 份，但是合作社旗下的 63 家发展公司的合同没有在平台登记，清产核资后登记合同多达 3472 份，相应的物业面积也由 130800 平方米增加至 626331 平方米。又如，小港村清查后"三资"管理平台的土地资源面积由 1 亩增加到 296 亩，物业面积由 9358 平方米增加到 94547 平方米，合同由 34 份增加至 248 份。

在清产核资之后，桃源街道各经济联社相关数据也有不同程度的变化。除了高旺联社之外，其余三个经济联社清查后的物业面积、固定资产原值相比清查前都有不同程度的增减（见表 2-4）。

表 2-4　桃源街道农村集体资产清查前后对比

联社名称		罗山	清水	石桥	高旺
土地资源面积（万亩）	清查前	2.1402	0.1872	0.3392	0.066
	清查后	0.2262	0.2066	0.3392	0.066
物业面积（平方米）	清查前	522974	142305	330261	314282
	清查后	565095	195946	325195	314282
固定资产原值（万元）	清查前	9872.62	14797.76	28049.54	19580.21
	清查后	9872.64	16796.52	22640.39	19580.21
合同数（份）	清查前	—	—	—	—
	清查后	381	255	478	259
合同年收益（万元）	清查前	6802.674	3207.632	5181.367	4766.564
	清查后	6802.674	3207.632	5181.367	4766.564

资料来源：桃源街道"三资"清查汇总表（2016 年 2 月）。

如表 2-4 所示，考虑到清查前的基础数据来自 2012 年的清产核资结果，从土地资源面积来看，罗山联社土地资源面积变化明显超出常规，反映了清产核资之前录入的数据存在误差。对于物业面积的增减，尽管存在集体物业的新建、拆迁等原因，但是更多反映的仍然是清查前统计数据的不准确。更为明显的问题是清查前的合同数没有反映在表格中，这意味着"三资"管理平台中的合同数明显与实际不符或无从考察，不适宜列出。另外需要注意的是，高旺经济联社所有数据与清产核资之前没有任何变化，很显然并不符合常理，这是由联社推诿扯皮、未落实工作造成的。

4. 清产核资结果反映出的问题

清产核资工作是自上而下强力行政动员的一项重要工作，但是从整个清查过程和清查结果来看，仍然存在一些未能达到工作预期的地方，其中部分问题在桃源街道也有所体现。

一是个别村社对集体资产清理核实工作认识不到位，未按照全部部署如期完成清查任务。在过了截止日期后，蓝天区仍然有两个合作社没有将集体资产相关信息录入平台、提交区农业部门，这反映了基层政府对农村集体经济组织的动员力仍然不足。

二是清查前后数据变化大，反映出镇街和集体经济组织"三资"管理机构队伍不健全，日常管理难度大。在 2015 年清产核资工作后，集体物业面积增幅达 100% 以上的有 25 个村社，合同数量增幅超过 100% 的村社有 14 个。89 个村社物业面积发生了变化，97 个村社的合同数量发生了变化。这种数据上的变化一方面说明了清产核资工作的成效，另一方面也说明"三资"管理机构队伍建设不完善导致日常外部监管不到位，很多集体资产、合同等清查对象没有形成电子化台账而游离于监管之外。目前，各镇街"三资"管理人员以临聘为主，农村集体经济组织"三资"管理队伍专业性稳定性也不足，在会计、法律等方面的知识储备有待提高。

三是集体资产清产核资工作不完善，仍有进一步彻底清理的空间。审核各个镇街集体经济组织填报的数据可以发现明显与实际情况不符的数据，比如，一些经济联社的土地资源面积过小，没有将集体物业的占地面积计算在内，只是统计了空地的面积。又如，一些合作社上报的各项数据变动存在明显的不协调，例如，集体物业的面积大幅增长，而对应的合同数量却没有出现相应的增长；个别联社的合同数出现大幅增长，对应的合同年收益却未有相应的增长。具有关联性的项目信息变化不同步，导致数据出现不匹配的现象，说明其中一项数据没有得到准确反映。

（二）第三方审计："查摆问题"的专业考察

如果说清产核资是基于固定时点对集体资产基础信息的"摸清家底"，

那么审计监督则是针对一定时期集体资产使用过程中产生问题的精确查摆。2018 年 1 月，蓝天区政府专门出台《南州市蓝天区农村集体经济审计实施办法》对审计工作进行了规范，规定了农村集体经济审计的项目类型和具体事项，其中，审计内容主要包括三类：对农村集体经济组织主要负责人的任期目标和离任经济责任审计，对村民委员会成员的任期和离任经济责任审计；对农村集体经济组织的财务收支审计；结合管理重点事项、热点问题及上级要求对农村集体经济组织的专项审计。具体审计事项则涵盖财务管理、经济合同、收益分配、公益事业、信息化建设、村务监督履行等农村集体经济运行的各个方面。

1. 审计监督的常态化开展

在《南州市蓝天区农村集体经济审计实施办法》印发后，作为配套措施，联席会议制度也随之建立起来，意图立足更高行政层级、协调相关职能部门，以统筹推进农村集体经济审计工作。具体表现为：第一，联席会议的召集人行政级别相对较高，并且加入了农业线口以外的区领导。总召集人由区委分管农村工作的副书记兼任，常务召集人由常务副区长兼任，召集人由分管农业的副区长兼任。第二，联席会议的成员分布广，包括区监察委员会、区委组织部、区国土资源和规划局、区财政局、区民政局、区审计局、区信访局、区城市更新改造办、区土地开发中心，以及各镇街的分管领导和区农林局主要领导、分管领导，涵盖了农村集体经济发展涉及的各个领域。第三，联席会议常设机构行政层级高。联席会议在区农林局下设办公室，负责日常管理工作。办公室主任由区农林局主要领导兼任，副主任由区农林局、区审计局分管领导兼任。因此，联席会议制度以政府规章的形式固定下来，联席会议事实上是一种由高层领导牵头、多部门联合行动的"准正式机构"。

联席会议制度体现了农村集体经济审计已经上升为全区统一协调的重要工作事项，成为规范农村集体经济发展的常规性手段，被寄予了发挥更大作用的期望。同时，审计工作范围已经远远超出传统的财务审计，向农村集体经济发展涉及的各个领域延伸。在实际工作中，提高相关政府职能部门的参与度，为落实审计监督计划、解决审计监督的问题、督促检查农村集体经济审计发现问题的整改等工作的顺利开展提供了更加强有力的保障。

农村集体经济审计监督可采取两种方式，一是委托第三方审计机构开展，二是由农村集体经济审计监督主体如农业主管部门、镇街等行政机构派员组成审计组进行，前者是更加普遍的做法。按照《南州市蓝天区农村集体经济审计实施办法》的规定，农村集体经济审计监督原则上3年轮审一次，重要问题连审3年。事实上，近年来桃源街道辖内各个集体经济组织接受第三方审计的次数远多于此，其中既有全面审计也有专项审计，具体情况如表2-5所示。

表2-5　2015~2018年桃源街道各经济联社审计情况

时间	发起单位	审计对象	审计类别	审计时段
2015年10月	蓝天区农林局	高旺	全面审计	2014年
2016年2月	蓝天区农林局	罗山	清产核资结果审计	—
2016年2月	桃源街道办	清水、石桥、高旺	全面审计	2015年
2016年3月	桃源街道办	清水、石桥、高旺	清产核资结果审计	—
2017年3月	桃源街道办	全部四个联社	全面审计	2014年~2016年12月
2017年4月	桃源街道办	高旺	董事长离任审计	2014年1月~2017年4月
2017年7月	蓝天区农林局	清水、石桥、罗山	届中经济责任审计	2014年1月~2016年12月
2018年3月	桃源街道办	清水、石桥	全面审计	2017年

资料来源：根据桃源街道办历年工作总结整理。

从近年来的情况看，第三方审计机构实施审计的时间通常为15~30天，审计结束后由审计监督主体向被审计单位发出审计报告的初稿，以征求后者的意见。之后，按照审计定稿提出的问题予以整改。目前，不定期的第三方审计已经成为各级政府监督农村集体经济组织、发现违规违纪行为的主要方式。

2. 审计发现的问题梳理

在查阅多份审计报告的基础上，我们发现，桃源街道辖内农村集体资产使用发展过程中存在很多共性的问题，主要包括资金支付随意性大、集体固定资产核算存在错漏、工程建设推进过程不规范、"三资"管理平台信息不完善等长期难以解决的问题。本书结合2015年高旺经济联社审计报告，对上述问题进行详细说明。

在资金使用方面，支付管理的随意性大。一是未取得有效票据而支付费用的情况比较普遍，特别是大额支出也缺乏有效凭证。审计结果表明，高旺经济联社在日常报销及其开支的一些费用，包括超过5万元的一些大额开支项目（如工程修理费用、劳务费、清洁费等），基本上没有有效票据，大部分以收款收据作为报销凭证，还有的以现金支出证明单予以代替。有效原始凭证的缺乏会大大增加集体经济组织的税务风险。二是大额集体资金支出较多采用现金支付的方式。高旺联社及各合作社使用现金支付的情况较常出现，单项开支超过3万元的大额现金支付行为在各会计核算主体中时有发生。而且，大额现金还经常用于消费性支出。比如支付春节敬老活动餐费、购置集体文体活动用品等，进一步增加了集体收入使用的风险。考虑到当前银行电子支付系统的便捷度日益提高，此类现金支付方式不但在安全和便利性上存在劣势，同时也增加了日常监管的难度。

在固定资产核算方面，主要是资产折旧和报废处理过程不规范，影响了财务收支统计数据的准确性。一是部分固定资产未按规定计提折旧，影响当期利润的准确计算。比如，蓝天区"三资"管理平台显示，高旺经济联社2014年末账面固定资产原值为19158335.74元，累计折旧1359365.30元，净值17798970.44元。截至2014年末，账面均未按规定进行资产折旧的计提，影响了当期利润的计算。二是部分固定资产报废核销账务处理不规范、手续不完善。比如，高旺经济联社2014年报废一辆汽车，发生变卖收入1500元，但是账面未对此资产的报废进行相应的账务核销处理，"三资"管理平台也未做相应录入工作。

在工程建设方面，审计结果表明，高旺经济联社的有关工程建设项目（含工程的承包方、设计单位或设备供应商）均未按规定执行招标程序、商务谈判等，不符合《南州市农村集体资产交易管理办法》第三章第十二条"农村集体资产应当采取公开竞投方式进行交易"的规定。比如，高旺第五合作社"塘底工程"项目，截至2014年底账面累计发生建设成本

1291.68 万元。经查，该项工程未能提供相关的招投标资料以及相关的工程预算、施工结算，以及施工方的资质资料。经进一步了解发现，该项工程采用的是一对一的谈判方式，未按规定执行招标程序或商务谈判等确定工程的承包方、设计单位或设备供应商，类似现象经常出现。此外，个别在建工程项目完工后没有进行转列固定资产的程序。

在"三资"管理平台方面，没有将合同录入平台，但实际正在履行的集体资产经营合同一直存在，在个别合作社，此类合同的数量还比较多。与此同时，一些在平台上登记的合同，不少集体经济组织无法提供相应纸质版。经济合同在线上和线下不相匹配的现象，在蓝天区大多数农村集体经济组织中普遍存在，比如在 2016 年蓝天区农林局对罗山联社清产核资结果进行审计的过程中，也发现了类似问题。由于部分资产的出租合同未录入"三资"管理平台进行公布，"三资"经营的实际情况与"三资"管理平台上公布公开的情况并不完全一致，影响了平台数据的质量及其应用效果。

此外，第三方审计还发现了其他细节上的共性问题，包括集体资产出租合同收入未在报表和账簿反映、人工补助费用的个税缴纳不规范等。第三方审计发现的问题表明，农村集体经济组织作为市场化程度有限的传统基层自治组织，在缺乏严格约束机制和专业工作人员的情况下，如果以成熟的市场主体运作的一般标准来开展审计工作，必然出现较大的差距。更为重要的是，整改审计发现的问题时，要面临更多短期内难以克服的挑战。

3. 审计问题整改面临的困难

发现问题只是基层政府引入第三方审计的第一步，对存在的问题进行整改才是最终目的。然而，从最近几年对审计问题的整改过程来看，不少问题长期无法得到根本性解决。这既与整改责任单位即农村集体经济组织缺乏主动性有关，又与上级政府针对大量历史遗留问题尚未形成明确的解决方案有关。

第一，作为责任主体单位的农村集体经济组织缺乏主动性。作为审计监督主体的政府职能部门在收到第三方审计结果后，会将结果发回被审计组织征求意见，确认后再发出限期整改通知。从历次审计问题整改的落实情况看，桃源街道辖内农村集体经济组织大都不同程度地存在推诿、拖延甚至置之不理的情况。以 2015 年高旺经济联社审计发现问题的整改为例，蓝天区农林局、桃源街道办多次以正式文件的形式要求高旺经济联社按时完成整改并提交报告，但最终无果。桃源街道办经济科夹在区农林局和高旺联社中间，面临上级政府和基层自治组织的双重压力，在持续跟进但毫无成效的情况下，只能采取"工作留痕"的方式规避责任、寻求自保。经济科以科室集体的名义专门通过正式报告的形式，向街道党工委、办事处详细说明了传达上级要求的全过程，以表明科室已尽力推进本职工作，但无法达到工作目标，同时还保存了电话联系的录音作为辅助证据。

桃源街道办经济科在推进审计问题整改中的遭遇再次表明，农村集体经济组织的相对独立性及其带来的政令不畅的后果。基层镇街乃至区级职能部门面对农村集体经济组织并无明显的优势地位，这也是蓝天区出台农村集体经济审计实施办法并建立联席会议的重要原因，在联席会议的成员单位中有区纪委监委、区委组织部等强势部门，旨在为农村集体经济组织加快推进审计问题整改提供更有力的强制性行政手段。

第二，对于审计发现的历史遗留问题，缺乏明确的整改标准和依据。以 2016 年蓝天区农林局针对罗山清产核资结果的审计为例，在审计结果发现的问题中有一个涉及超长年限租赁合同。本次审计发现，罗山联社第一合作社此前曾签订了集体土地永久使用合同 16 份，这些有偿永久使用合同签署于 2008 年。当时罗山第一合作社为了更好发展、壮大经济，通过公开投标以一次性付款永久使用的方式，开投使用这 16 个地块。这些地块投标所得的款项用于罗山第一合作社的厂房物业基础建设。这些被有偿永久使用地块的土地性质是宅基地，土地现状都是多栋 10 层左右的出租屋。根据《中华人民共和国合同法》第二百一十四条：租赁期限不得超过二十年。超过二十年的，超过部分无效。租赁期满，当事人可以续订租赁合同，但约定的租赁期限自续订之日起不得超过二十年。所以这 16 份有偿永久使用合同明显违反该法第二百一十四条的规定。但是，对于此类不符合国家法律规定的超长年限合同甚至永久合同该采取何种整改措施，上级部门并没有明确的指导意见，导致整改工作无法如期推进。

（三）大额资金支出预警：重点领域的专项治理

集体资金使用是"三资"管理的关键环节，也是容易产生廉洁风险的焦点领域。针对大额资金支出过程可能出现的漏洞，蓝天区农林局于 2016 年和 2017 年分别下发了《白云区加强镇街集体经济组织资金账户管理和建立大额资金异动预警机制指导意见》和专门的落实意见，试图通过现代信息网络通信方式加强集体资金监管，以"抓早抓小抓预防"为出发点对大额资金支出进行源头监管。

1. 工作准备

大额资金支出预警机制的建立和运行，需要四个方面的基础工作：一是清理规范集体经济组织开立的银行账户，二是设置大额资金异动预警分级标准，三是镇街、农村集体经济组织与指定银行签订合作协议，四是设置镇街、集体两级组织的预警员。

在账户清理方面，农村集体经济组织及其开办的具有独立法人资格的经济实体，只能保留银行存款基本账户、财政资金专用账户和土地基金专用账户，以及其他按照政府有关规定需要开立的专用账户以及经集体表决同意的定期投资账户。各镇街需要对所有账户进行清查，并对不合规账户进行撤销或归并。在设置大额资金异动预警分级标准方面，区级指导意见建议的触发预警信息的标准是：经济联社每次使用资金 5 万~10 万元或每月累计使用资金 50 万~100 万元，合作社每次使用资金 3 万~6 万元或每月累计使用资金 30 万~60 万元。桃源街道将这一标准降低为：经济联社每次使用资金 8 万元以上或每月累计使用资金 80 万元以上，合作社每次使用资金 4 万元以上或每月累计使用资金 40 万元以上。除了清理银行账户和设置预警标准，镇街和村级集体经济组织分别要与指定银行签订合作协议，并分别指定一名财务人员作为预警员。

2. 工作流程

大额资金异动预警工作流程如图 2-2 所示。集体经济组织发生大额资金支付时，由银行向街道及联社预警员发出预警信息，街道预警员再向联社预警员核实资金使用是否合规。确定违规的，应按有关规定立即纠正，同时，视情节追究责任并上报街道办事处分管领导；涉嫌违纪的，将证据材料、责任认定材料和情况报告等移送纪检监察部门审理。监察部门会同相关部门研究提出处理意见，依照有关程序处理。经济联社预警员应对每一项大额资金预警信息进行记录，填写大额资金异动预警登记表，详细记录资金使用是否合规、整改建议、整改结果等信息，并形成档案妥善保管。与此同时，还要建立大额资金使用公示制度，由集体经济组织将每月大额资金使用事项定期在财务公开栏进行公示，并将公示图片报街道备案。

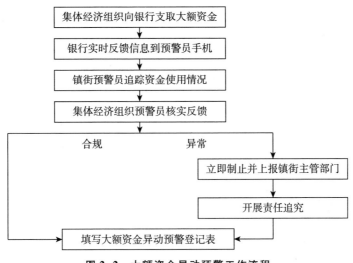

图 2-2　大额资金异动预警工作流程

桃源街道在具体落实过程中，形成了"一询二查三报四公示"的工作方法。一是街道预警员收到预警信息逐一向联社预警员及联社财务询问详细情况；二是针对存在疑问的大额支出到现场核查情况，包括核查大额预警费用的原始凭证及民主程序材料；三是各经济联社一周上报一次大额资金异动预警登记表，说明具体支出情况，并由联社董事长签名确认；四是要求各经济联社每月 20 日前将上月预警信息登记表加盖公章公示于"蓝天模板"通告栏。

3. 工作成效

对于桃源街道来说，建立大额资金异动预警机制的工作经历了一个并不顺利的过程，各经济联社在提供银行账户、与银行签订合作协议等方面不太积极。经过街道办工作人员和分管领导的再三催促，最终完成了预警机制的建立。各经济联社之所以不太愿意配合这项工作，经济联社干部和工作人员大致给出了以下三个方面的理由。第一，在上级政府已经设置了清产核资、第三方审计等多种财务监督手段的情况下，没有必要再建立针对大额资金支出的预警机制。第二，各经济联社在大额资金支出方面一般比较规范，能够自觉遵守各项规定，已经形成了稳定的工作模式，如果按照最新要求短期内会降低工作效率、影响工作进度。第三，各经济联社大额资金支出的频率很高，涉及两级集体经济组织多项公共事务，建立专门的预警机制会大大增加工作量，特别是在材料整理方面要求严格。在实践中，各经济联社涉及大额资金支出的各项工作一定程度上支持了上述观点。

但是，自启用大额资金预警机制开展工作以来，桃源街道在资金监控、财务管理、民主监督等方面确实取得了一定的工作成效。一是强化了街道办对集体经济组织的资金监管，街道预警员能够在第一时间获取集体资金大额支出的信息；二是提高了集体经济组织资金使用规范化意识，经济联社提高了事前请示街道办关于大额资金支出的合规程序的意识；三是保障了集体经济组织成员的知情权及参与权，预警信息登记表的公示让社员直观及时了解集体资金使用事项；四是规范集体经济组织财务管理，街道办结合各经济联社章程财务规定，通过专项培训，要求集体资金支出要取得合法票据、支出凭证填写要规范及大额支出要执行民主表决程序等。

通过对各经济联社一定时期内大额资金异动预警信息的核实，可以发现大部分大额资金支出是日常必要的常规性支出，并没有发现违规支出。事实上，预警机制运行的目标更多的是发挥预防和威慑的作用，以全面核实的方式实现对所有大额资金支出的实时监管，避免出现非法挪用等不当支出的极端案例。表2-6展示了罗山经济联社及各合作社2017年8月31日至9月8日的大额资金支出项目。

表 2-6　罗山经济联社 2017 年 9 月第一周大额资金支出项目

社别	时间	金额（元）	事项
四社	9 月 6 日	84570	上交联社 2017 年 1 月至 6 月环卫保洁费
五社	9 月 6 日	135060	上交联社 2017 年 1 月至 6 月环卫保洁费
十一社	9 月 6 日	190800	上交联社 2017 年 1 月至 6 月社治安员工资
八社	8 月 31 日	178800	归还八社物业部暂借款
八社物业部	8 月 31 日	604088.39	上调八社 2017 年 1 月至 8 月工资及 2016 年利润
经济联社	8 月 31 日	5008708.33	归还南州农商银行借款
十三社	9 月 6 日	61560	上交联社 2017 年 4 月至 6 月环卫保洁费
经济联社	8 月 31 日	4772450.48	归还南州农商银行借款
十社	9 月 6 日	185070	上交 2017 年 1 月至 6 月环卫保洁费
一社	9 月 6 日	74700	上交 2017 年 4 月至 6 月环卫保洁费
八社	9 月 6 日	148608	上交 2017 年 1 月至 6 月环卫保洁费
经济联社	9 月 8 日	249183	支付 2017 年 7 月环卫保洁费
六社	9 月 8 日	221975	上调村联社 2017 年 1 月至 6 月社治安员工资

注：表中"四社"为"第四合作社"，余同。

资料来源：罗山联社大额资金异动预警登记表（2017 年 9 月 8 日）。

　　从街道办落实工作的过程来看，大额资金异动预警机制的运行还存在不少问题，在实际效用发挥上还有进一步提升的空间，主要表现为三个方面。一是事后监督存在一定漏洞。大额资金预警机制建设工作以事后监督、核查、整改为主，不能充分发挥其在防弊纠错、规范行为、保证资金安全等方面的重要作用，不能从根本上堵塞资金违规使用的漏洞，存在一定的工作滞后性。二是缺乏完整系统的资金内控制度。村社两级集体经济组织缺乏科学可行的内控财务管理制度，没有规范行为的制度准绳，没有紧抓制度执行的有力措施，导致街道办对于集体资金的监管无法面面俱全、狠抓严控。三是对集体经济组织银行账户的掌握可能存在局限性。由于街道办无法直接从银行全面掌握所有集体账户的信息，仅靠集体经济组织自报账户及审计公司排查，无法保证街道获取所有集体银行账户的信息，因此可能存在集体经济组织漏报、瞒报银行账户等现象，导致无法实现资金收支全面监管。

四 集体资产清晰化管理的挑战与应对

伴随着蓝天区农村集体经济的长期发展，集体资产规模不断扩大，各级政府对集体资产存在状态和使用过程也越来越趋向清晰化管理。这一政策导向对于规范集体资产使用、防止集体资产流失具有积极意义，但是在具体措施的执行中也面临不少现实挑战。

（一）现实挑战

1. 行政成本支出与实际工作绩效不相匹配

基层政府自上而下主动部署的行政任务，一般设有相应的保障资源予以配套，对于农村集体资产使用过程清晰化管理的各项政策措施也不例外。无论是清产核资、第三方审计还是大额资金预警，都投入了相当多的行政资源，最显著的一项投入就是直接的财政经费。比如，2015年蓝天区清产核资工作的区财政补助标准是每个经济联社4万元，由区农林局下拨；2017年桃源街道开展的届中经济审计，每个经济联社的工作经费为6万元，由街道办三资审计经费开支；2017年建立大额资金异动预警机制过程中，直接为每名经济联社预警员配置了一部专门用于接收预警信息的手机。上述经费投入对于单独一个镇街和经济联社来说也许不算规模庞大，但是从全区层面看需要投入不小的财政支出。同时，在推进清晰化管理的各项政策措施中，大多是需要经常性开展的常规化行动，特别是清产核资、第三方审计等已经形成了常规化运作模式，财政支出也随之形成常态化运作的惯例。

与包括人力、物力、财力在内的行政成本投入相比，集体资产清晰化管理的工作成效尚未达到理想预期。首先，集体资产基础数据的准确呈现还有不少提升空间，没有完全反映集体经济的实际运行状态。尽管清产核资工作的开展频率较高，推动统计数据更加接近真实情况，但是从近几年清理结果来看，每一次的工作成果都会带来相当程度的数据更新，在一些管理力量薄弱的经济联社甚至出现大幅变动。这反映出完全准确地掌握了解集体资产详情，还需要更加标准化、高效率的手段。事实上，不唯农村集体资产统计信息，各级政府针对地区合作社管理其他很多领域自上而下收集的数据也存在不同程度的失真现象。其次，清晰化管理目的性还有进一步明确和聚焦的潜力。比如，大额资金异动预警机制作为专门针对资金使用的监管措施，采取了全面审查的模式，对所有达到标准的资金支出都要求登记备案上报。这种"一刀切"的排查方式显然过于粗放，因为银行账户排查可能存在漏洞以及查处的滞后性等，无法杜绝集体资金的违规支出现象。最后，各项清晰化管理举措发现问题之后的整改效果并不尽如人意。实践表明，清产核资、第三方审计发现的一些问题，很长时间之内都没有得到彻底整改。

2. 上级专业要求与基层能力不相适应

持续开展清晰化管理相关政策措施的直接目的在于，实现基层政府对集体资产使用过程全面精准地掌握并提升其规范化运作水平。达成这一目的必然涉及大量基础信息自下而上的传递，以形成供各级政府部门不断完善工作而参考的文本资料。对于基层集体经济组织来说，如何高质量地完成信息整理和文本呈现工作成为一项重要任务。在清查核资工作中，以各类信息统计表格为最终成果的文本呈现，是反映集体资产清查结果最重要的形式。由于表格的填写涉及专业而细致的要求，在近年来历次清产核资工作推进过程中都专门设置了培训环节，对资产清理后的资料填报内容、方式以及录入电子化系统的要求做出统一部署。但是在规定时限内，集体经济组织的工作人员在填报信息过程中仍然无法准确把握相关要求。一方面，基层工作者的教育程度、专业背景、精力投入等参差不齐，影响了信息填报的质量；另一方面，各个经济联社面临的实际情况千差万别，上级政府的统一要求无法实现精准指导，最终可能出现仓促应对的局面。

上级专业要求不仅体现在注重集体资产基础信息的收集整理上，也体现在对集体资产使用不规范问题的整改上。作为一种专业化的审查监督方式，第三方审计对集体资产使用过程的方方面面都有着严格的规范化要求，特别是资金支出、账务处理、资产管理等涉及财务管理的领域更是有具体标准。财务管理是审计发现问题最多的领域，但是一般集体经济组织的财务管理人员长期都由本社集体成员担任,对管理规范和标准的认知度和认可度参差不齐,很难完全达到上级要求。因此,在现有主客观条件下,大量集体经济组织在对审计发现问题的整改方面无法令人满意。

总之,无论是掌握集体资产使用过程的基础信息,还是在此基础上对其进行规范化引导,很大程度上因为基层集体经济组织工作力量的薄弱而无法达到预期成效。如何弥补上级政府要求和基层落实效果之间的差距,是清晰化管理需要着力探讨和解决的关键问题。

3. 重复性行政命令与应付式被动落实存在矛盾

如前文所述,蓝天区曾经试图超越碎片化的管理模式,推行一揽子方案以全面高效地掌握集体资产的存在状态和使用过程,但由于种种现实障碍而没有最终成行。尽管已经形成清产核资、第三方审计、大额资金支出预警机制等常规化模式,但仍然无法满足日常上级政府全面监管需要。在缺乏能够快捷准确掌握集体资产使用状态的技术手段的情况下,蓝天区职能部门特别是涉农部门在需要关于集体资产的特定信息时,仍然经常以零碎的行政命令的方式重复索取。相对低效管理手段大大增加了沟通成本,而且这种重复收集信息的要求不仅体现在上级政府直接的行政命令上,还体现在各级"三资"管理平台信息录入方面。

目前,除了蓝天区集体经济组织"三资"管理平台外,省、市两级政府相关职能部门也建立了相应的服务管理平台,用以填报、储存、展示不同类别的集体资产信息,并受理日常投诉咨询。省、市、区三级平台填报信息的格式不同,但在内容上大同小异,因而经常出现重复录入的现象。这意味着,经济联社工作人员不仅要完成区级平台的信息填报任务,还要在广东省农村集体"三资"管理平台、南州市集体产权流转服务平台分别录入相关数据信息。这给广大集体经济组织"三资"管理人员增加了工作负担,也间接影响了上报信息的积极性。

更为重要的是,在已经推行的清晰化管理措施中,也经常出现交叉重叠的行政任务。比如,清产核资的目标不仅是对各类集体资产的存在状态进行梳理,还涉及集体资产正在履行的经济合同信息及其在蓝天区农村集体"三资"管理平台的录入情况,后者同样也是第三方审计的重点内容。

由于开展清产核资和第三方审计的频率很高，面对部分重复的信息填报和审查要求，集体经济组织可能出现疲于应对甚至被动应付的情况，在上报数据的准确性、更新数据的及时性等方面存在问题，特别是在实际问题整改方面经常停滞不前。

（二）优化方向

针对集体资产使用状态进行清晰化管理，是各级政府特别是基层政府长期以来的重要政策目标，但是实际工作成效始终难以达到理想预期。对此，区、街两级政府不少干部认为，最重要的原因是农村集体经济组织缺乏能够强有力落实行政任务、具备相当职业素养的人力资源，从而影响了基层政府把握农村集体发展方向的能力。一方面，宪法和法律规定了集体经济组织具有独立进行经济活动的自主权，这从宏观层面确立了基层政府与集体经济组织之间相对平等的关系。另一方面，集体经济组织作为一类特殊的市场主体，长期缺乏规范的运作模式和专业的工作人员，因而自主管理的能力还有待提高。在这种背景下，基层政府从外部监管的角色向直接参与管理的角色转变，进一步推动行政力量真正下沉，成为顺理成章的政策导向。这被许多基层一线实践者认为是实现有效治理的治本之策，也是蓝天区提高集体资产清晰化管理水平的主导方向。

在软弱涣散的集体经济组织的党组织中设置"第一书记"，是蓝天区强化基层治理效能的重要保障，对于集体资产清晰化管理也大有裨益。2018 年，蓝天区以抓住"关键少数"的原则推动行政力量下沉，从市直机关选派 30 名党员任全区软弱涣散集体经济党组织"第一书记"，桃源街道办下辖罗山、石桥、高旺均位列其中。街道办经济科工作人员表示，"第一书记"到任后，"三资"管理工作有了较大起色，原来上级部署行政任务无人问津的情况基本不再发生。行政力量直接下沉不仅针对"三资"管理工作，而且全方位强化了集体经济组织的执行力，为基层党建、信访维稳、基础设施建设等区域重点工作推进提供了坚实的人力基础。与此同时，蓝天区组织部门近几年开展培养后备干部的工作，试图以优厚待遇吸引具有本集体经济组织户籍的本土大学生，提升干部队伍整体综合素质。

除了推动行政力量直接下沉、夯实干部队伍之外，蓝天区也开始着力强化"三资"管理人员的力量。从 2019 年开始，桃源街道在经济联社试点招聘专业财务管理人员，由区、街两级财政负担相应经费，以缓解联社财会人员老化问题。事实上，这近似于对村级专业事务的代管模式。早在 1996 年，为加强和完善村级财务管理，财政部发布的《村合作经济组织财务制度（试行）》首次提出，村集体经济组织可将财务档案委托乡镇办公室统一管理。据此不少地方政府推行"村财乡管"制度，将村级财务交由乡镇政府代管，由其监督集体资金使用情况，以此方式缓解农村财务混乱状况。2013 年，农业部、财政部、民政部、审计署共同出台《关于进一步加强和规范村级财务管理工作的意见》，标志着村财乡管的财务模式在全国范围内推广和应用。相比之下，桃源街道以财政资金招聘村级专业财务管理人员的政策更加温和，并非全权的代管模式。

不同形式的行政力量下沉，对农村集体经济组织各项工作能够起到立竿见影的效果。但是，这一实践导向也带来了保持基层自主性和推进行政化延伸之间的平衡问题。从基层反馈的信息看，支持行政化向村社延伸的声音是主流，这意味着有利于更好地完成上级行政任务的实用主义更能受到青睐。但是，这一趋势在未来如何发展演变还有待进一步观察。当前，在清晰化管理已经实行的具体措施的实践中，还有很多可以调整的空间。比如，进一步加强制度化建设。清产核资工作目前尚未形成制度化机制，更多是落实上级政府自上而下的要求，有时是领导批示的要求，可以借鉴审计制度的方式，在全区层面予以明确。又如，要进一步提高针对性。类似大额资金异动预警机制的建立接近"一刀切"的做法，为了筛选存在违规风险的支出项目而全面审查，在智能化、精准化方面还有很大的提升空间。

第三章　农村集体资产交易与基层
政府的程序化管理

　　集体资产交易是农村集体经济运行的关键环节，也是各级政府长期关注的重点领域。农村集体资产交易一般是指农村集体资产的承发包、租赁、出让、转让以及利用农村集体资产折价入股、合作建设等交易行为。对蓝天区、南州市乃至整个珠三角地区而言，目前农村集体资产交易的主要内容就是集体土地和集体物业的租赁，其本质是集体资产经营权的流转。对于这一动态过程，南州市和蓝天区都制定了相应的政府规章，桃源街道办在具体落实过程中更是展示出了丰富的实践内涵。因此，本部分系统梳理近年来蓝天区基层政府规范农村集体资产交易过程的各项政策措施，深入分析行政权力介入其中的角色定位和行为倾向。

一　农村集体资产交易的兴起与发展

（一）农村集体资产交易的主要内容

　　土地是农村集体经济组织拥有的最重要的资源。在农村集体经济走向非农化发展的过程中，农村集体建设用地的经营权成为交易对象，并成为集体收益的主要来源。在外向型经济助推之下，珠三角地区率先探索形成了农村集体建设用地交易市场，并经历了从以出租土地为主到土地和厂房出租并重的过程。

　　改革开放之后，快速的工业化、城镇化进程对建设用地的需求不断增加。在市场利益的驱动下，珠三角地区农村集体建设用地交易活动开始出现。在早期乡村工业化时代，农村集体倾向于利用自有集体建设用地开办各类乡镇企业。乡镇企业衰落之后，从事土地开发，即出租土地或在土地上盖厂房以后出租厂房，成为农村集体的自然选择（刘宪法，2011）。从20世纪80年代开始，自发的集体建设用地交易活动开始兴起并愈演愈烈，其主要实现方式是通过招商引入外部资本投资设厂，进而实现土地的非农化使用，农村集体在这一过程中获取地租。

在国家正式法律准许之前，珠三角地区就已经形成了被默许的农村集体建设用地交易"隐形"市场。早期的"野蛮生长"导致农村集体建设用地的碎片化开发，形成了一种基于非农化村庄集合的独特的城市化发展模式。每个村庄都是一个独立的发展主体，并负责对村域集体土地进行统筹开发。由于急剧扩张的非农建设用地在区域中呈"面"状展开，各类土地利用斑块混杂交错，最终形成了"马赛克"式的土地利用景观（杨廉、袁奇峰，2012）。这种"分散式农村城市化空间"产生的关键原因在于农村集体所有制单位已经成为城市化的主体，同时劳动力、交通、税收、土地等各类成本呈现均质化的现象，导致外部资本向各级集体所有制单位投入并推动相关产业发展（李郇、黎云，2005）。针对一直活跃的农村集体建设用地交易市场，地方政府加强了规范性的制度建设，形成了一系列地方政府规章。

面对农村集体建设用地的无序扩张，国家层面通过开展一系列试点工作予以探索和规范：1999年，国土资源部批准安徽省芜湖市、浙江省湖州市开展集体建设用地使用权流转试点；2015年初，国务院公布了我国农村集体经营性建设用地直接入市的33个县市区试点。2005年，广东省出台了《广东省集体建设用地使用权流转管理办法》，正式允许省内的集体建设用地直接进入市场交易。在积累大量改革试点经验的基础上，2019年修正、2020年开始实施的《中华人民共和国土地管理法》删除了"任何单位和个人进行建设，需要使用土地的，必须依法申请使用国有土地"的规定，破除了农村集体经营性建设用地直接进入市场的法律障碍。2020年4月9日，中共中央、国务院印发《关于构建更加完善的要素市场化配置体制机制的意见》，提出要制定出台农村集体经营性建设用地入市指导意见，全面推开农村集体经营性建设用地直接入市工作。在国家法律层面已经认可集体建设用地入市的背景下，地方政府制定和完善管理政策具备了更加权威的依据。

农村集体建设用地入市是农村土地制度改革的重点方向，对于盘活农村土地、提高农民经济收入具有重要意义。但是，农村集体建设用地无序扩张也带来了一系列不良后果，包括土地利用效率低、生态环境被破坏等，这对相关制度建设及其落实提出了更高的要求。除了农村集体建设用地之外，集体物业也是用于出租的重要集体资产。集体物业主要来自两个方面：一是由农村集体经济组织自行筹资建设，二是由租用集体土地的厂商在合同到期之后不续租而遗留。由此，农村集体资产交易市场形成了以出租土地和物业为主体内容的基本格局，这就是所谓的"租赁型经济"的主要形态。

目前，对于租赁型集体经济及其发展前景，研究者提出了不同的看法。有学者认为，作为当前土地流转的主要形式，租赁型经济已经成为城市近郊地区农村产业经营的主要模式和集体收入的主要来源，也是实现城乡经济一体化发展的有效途径（张强，2009）。但是也有学者认为这种物业依赖型经济由于存在自我封闭性强、经营管理普遍长期处于低水平、福利性事务性支出压力大等问题，并不利于城市化有序推进和健康发展，需要在新的经营管理变革、政策制度转型和土地利用结构重组上寻求突破（马学广、王爱民，2011）。此外，还有学者认为租赁型经济是无法参与市场经济竞争的"寄生型、外生式经济"（何宇，2004），主张逐步使村民从原经济利益关系的束缚中彻底解放出来，实现由"村民"向"社会人"的转变，以适应城市化发展的需要（王子新，2004）。

对于以集体土地和物业出租为基础的农村集体资产交易实践，已有研究主要形成了三种分析角度：第一，从经济学的角度考察农村集体建设用地市场发育情况（文兰娇、张安录，2016），包括交易费用及其影响因素（张婷等，2017）、集体建设用地入市对农户收入的影响（高欣、张安录，2018）等；第二，考察农村集体资产交易的政府监管，主要聚焦集体资产交易平台建设（宁超等，2018；孙霄汉，2014；耿静超、石大立，2011）；第三，考察农村集体资产交易中的不规范情况，特别是不同类型的资产流失（徐京波，2018）。总体上看，研究者主要立足农村集体经济发达的地区，特别是珠三角地区，对以集体建设用地为主体的集体资产交易情况进行了深入考察。但是，对于这一过程中的行政规制仍然缺乏细致而全面的分析。

（二）桃源街道农村集体资产交易的现状

桃源街道农村集体经济属于典型的租赁型经济，经历了从以土地出租为主到以物业出租为主的过程。表 3-1 反映了 2017 年最终达成的农村集体资产公开交易的基本情况。

表 3-1　农村集体资产公开交易统计（2017 年）

单位：宗，元/（米²·月）

社别	交易宗数	土地出租宗数	单价	物业出租宗数	单价
清水	7	0	—	7	15.1
罗山	69	5	3.0	64	42.1
石桥	26	1	2.5	25	12.2
高旺	5	0	—	5	14.0
总计/平均值	107	6	2.75	101	20.85

资料来源：桃源街道办经济科统计数据。

从近年来农村集体经济发展的情况来看，桃源街道辖内集体资产交易主要呈现以下特点。

第一，物业出租已经成为主流。经过长期的开发，桃源街道农村集体建设用地已被大量使用，存量相对有限，加之国家土地管理政策和土地使用监管的日益严格，集体建设用地不再是集体资产交易的主体。同时，因招商合同到期或集体自建而遗留下来的大量物业成为出租的主要对象，其中更以前者为主。正如表 3-1 所示，在 2017 年的公开交易资产中，物业出租占据了绝大多数，土地出租仅有 6 宗，占比仅不到 6%。更为重要的是，土地出租的单价为 2.75 元/（米²·月），远低于物业出租的 20.85 元/（米²·月）的平均单价。因此，无论是交易数量还是交易价格，集体物业出租都已经占据了主导地位。

在集体资产出租过程中，存在两种需要说明的特殊情况。其一，在出租物业时，有些会附带周边空闲土地一同出租，以满足承租方特定要求，比如用作内部停车场。在这种情况下，物业和土地一般会按照不同的价格计算租金。其二，在农用地较多的经济联社，耕地也是可以出租的集体资产，但是其出租要求与一般集体建设用地不同：要优先给予本合作社的居民租用，同时租金也远低于集体建设用地。以 2018 年 1 月的公开交易为例，石桥联社集中完成了 15 宗耕地的出租交易。在一宗交易中，占地面积 667 平方米的耕地年租金仅为 2090 元。在另一宗交易中，占地面积 466.9 平方米的耕地由于相对贫瘠，年租金仅为 12 元，基本等同于免租待遇。事实上，农用地出租的目的主要是给予有意愿从事农业生产的本社社员一种额外激励。

第二，不同经济联社的集体资产交易活跃度存在明显差异。进入区、街或联社交易平台进行的公开交易，可能并未涵盖农村集体经济组织的全部交易。在实地调研中，可以发现不少交易没有按照官方流程进入政府监管视野，特别是高旺联社存在不少自主进行的私下交易。但是，公开交易也能在很大程度上反映出各个经济联社在占有有价集体资产方面的差异。罗山联社地理位置相对优越，集体经济发展基础扎实，因而集体资产交易最为活跃，且集体土地和物业的价值相对较高。石桥联社所辖面积最大，集体资产交易数量也不少，但是平均到每个合作社并不多，甚至有些合作社常年没有交易。而且石桥联社集体资产的价值相对较低，集体物业的平均单价最低。不同经济联社乃至合作社之间集体经济发展的不平衡现象，在蓝天区不少镇街普遍存在。

第三，集体资产公开交易大部分以底价成交。很长时间以来，蓝天区集体资产公开交易采取的是招标、竞投、成交等一系列正式规范流程。但是，从最终成交的价格来看，公开交易在提升集体资产价值方面并未达到预期目标。由于竞拍单位数量不足或是积极性不高，大部分交易以维持底价而结束，特别是在竞拍单位仅有一家报名的情况下更是只能如此。尽管桃源街道办已通过官方网站、微信公众号等多种渠道公开招标信息，扩大集体资产的知晓率，吸引更多的厂商参与交易过程，但是由于集体资产本身的地理位置、建筑面积、使用功能等差异，其交易价值很难全方位同步提升。在大力宣传招租信息的同时，不少集体经济组织还通过各类传统方式，比如熟人介绍等直接与需求方取得联系，然后再引导其按照规定的流程参与竞标。桃源街道 2017 年集体资产公开交易中的溢价合同具体信息如表 3-2 所示。

表 3-2　集体资产公开交易中的溢价合同（2017 年）

社别	交易项目名称	建筑面积	租赁年限	成交租金	成交价格	起拍租金	起拍价格
清水	清水南路 52 号商铺	490	9	17640	36	17150	35
石桥	黄树塘 2 号厂房	444	20	18416	41.48	8333	18.77
石桥	人和街 6 号厂房第二层	430	6	5000	11.63	3870	9
石桥	人和街 6 号厂房第三层	430	6	4500	10.47	3870	9
石桥	人和街 6 号厂房第四层	430	6	4500	10.47	3870	9
石桥	桃园街 20 号厂房	6500	5	77000	11.85	75000	11.54
石桥	白路头大街 7 号厂房	1000	4	15000	15	12000	12
罗山	水沥 A 栋、B 栋厂房	14622.4	20	267045	18.26	180045	12.31
罗山	荷树脚厂房	2100	9	31000	14.76	28000	13.33
罗山	公仔岭街 2 号物业	144	9	4000	27.78	3000	20.83
罗山	白头岭东街四横路 9 号厂房	6086	9	133000	21.85	90000	14.79
罗山	五星岗环岗二路 2 号厂房	247	9	8000	32.39	5000	20.24
罗山	风水基 16 号 B 栋厂房	5651.14	9	91000	16.10	77594	13.73

注：租赁年限的单位为年，建筑面积的单位为平方米，成交租金和起拍租金的单位为元/（宗·月），成交价格和起拍价格的单位为元/（米²·月）。

资料来源：桃源街道办经济科统计数据。

如表 3-2 所示，2017 年成交价格超过起拍价格的集体资产交易宗数共有 13 宗，全部是集体物业。相对于全年 107 宗公开交易，最终成交的溢价合同仍不够多。其中，个别交易的租金提升幅度比较大，以石桥联社黄树塘 2 号厂房最为明显：起拍价格为 18.77 元/（米²·月），但是最终以 41.48 元/（米²·月）的价格成交，增幅超过 120%。除此之外，最终成交价相对于起拍价增幅超过 40% 的交易还有 3 宗，均为罗山经济联社的资产。总体上看，集体资产公开交易呈现出"总体维持底价、个别资产溢价"的态势，具有较高市场价值的集体资产仍然稀缺。

对于桃源街道乃至蓝天区来说，以集体土地和物业出租为基础的农村集体经济运行目前主要存在以下问题。

第一，集体土地低效利用，经济价值未被充分挖掘。一方面，集体土地出租之后的使用方式较为粗放，很多是用作露天仓储、停车场等；另一方面，整个桃源片区绝大部分集体物业规模和面积有限，承租方多为中小微企业，很多企业为"散、乱、污"企业。因此，无论是集体物业还是集体建设用地，租金都相对偏低，特别是土地租金。比如，罗山第五合作社曾出租了"爬田头"空地，用于露天仓储，占地面积为3000平方米，未通水电，交易底价和成交价为每月1000元。又如，罗山第六合作社曾出租"路仔"空地，占地面积为16000平方米，其中建筑物面积50平方米，棚架面积5100平方米，空地面积10850平方米。尽管最终的成交价为每月95000元，但是每平方米的价格仅不足6元。

第二，集体资产碎片化分布和零散化交易，增加了完成交易的行政成本。集体物业的主要形态包括厂房、宿舍、办公楼等，分布广泛，单宗交易的出租面积大部分在1000平方米以下。碎片化分布导致集体资产无法形成集中连片使用的功能，影响了市场竞争力的提升。更为重要的是，每一宗公开交易都必须经历复杂的行政审核流程才能最终完成，离散化的审批过程耗费了大量成本。这也是一些经济联社选择自行私下交易而不经过公开交易平台的重要原因。

第三，集体资产的产权手续普遍不够完善，存在潜在的法律风险。在农村集体经济发展早期，大量集体土地和物业的开发建设并没有履行正规的行政审批手续，各级政府也缺乏相应的规范指引。因此，大量集体资产尽管一直处于交易之中，但是没有官方出具的产权证明，如所有权证、使用权证、不动产权证等。随着制度环境的不断完善，这些早已进入市场却并不完全合规的集体资产成为"历史遗留问题"，在经营过程中隐藏着潜在的法律风险。缺乏正式身份的集体资产并不受法律保护，在发生不可预测的经济纠纷的情况下，这可能会给农村集体经济组织一方带来损失。

二　农村集体资产交易的政府管理模式

农村集体经济组织是农村集体资产的所有者，也是集体资产交易的主导者和直接组织者。长期以来，农村集体资产交易中的暗箱操作、侵害集体利益等现象屡见不鲜。为堵住农村"三资"管理漏洞，实现农村集体资产阳光交易，维护农村社会稳定，对农村集体资产交易进行更加严格的常态化监管成为农村集体经济发达地区的重要政策导向。近年来，珠三角很多地区也在持续推进此项工作，南州市也不例外。

（一）制度建设与机构设置

作为农村集体经济发展的代表，佛山市南海区早在2010年就开始试点建设农村集体资产管理交易平台，强化集体资产交易的规范性和透明度。2011年9月，广东省委、省政府印发了《关于深化珠江三角洲地区农村综合改革的若干意见》，明确提出加强农村集体资产交易管理。之后，广东省纪委等七部门联合印发了《关于全面推进农村集体资产资源交易平台建设的意见》，明确要求建立公开交易平台。在这一背景下，针对农村集体资产的交易，农村集体经济相对发达的地市纷纷制定了相应管理办法，设置了专门的管理机构，建立了公开交易的平台。南州市也做出了相应的政策安排，蓝天区在具体落实中形成了独特的管理模式。

2015年6月，南州市以政府令的形式专门颁布了《南州市农村集体资产交易管理办法》，对政府职责、农村集体资产范围、交易方式、交易程序等进行了明确规定。同时，南州市委、市政府"两办"还专门印发了《南州市农村集体"三资"管理责任追究制度》，详细列明了农村集体"三资"管理的责任清单和负面清单，从而规定了集体资产交易中的不当行为以及惩治措施。由此，在市级层面形成了"总体规范、精准问责"的制度体系。此外，南州市农业局还专门建立了农村集体产权流转管理服务的信息化平台，用于对全市农村集体资产交易进行信息发布、动态监管等。

如果说制度建设是规范农村集体资产交易的基本前提，那么建立完善管理服务机构并强化其职责履行，则是提升农村集体资产交易监管水平的必要条件。南州市按照"管办分离"的原则，将针对农村集体资产交易的管理职能和交易职能分设，即分别建立农村集体资产交易管理机构和服务平台。其中，交易管理机构负责交易监督、管理和审核；交易服务平台负责信息发布、组织交易、合同备案等具体交易行为。《南州市农村集体资产交易管理办法》规定，各区、各镇街都应建立相应层级的交易管理机构，通常由农业管理部门承担。与此同时，上述管理办法对建立交易服务机构的要求则相对灵活：区级政府可以建立统一的农村集体资产交易服务机构，或根据本辖区实际分级、分片建立农村集体资产交易服务机构。

在落实"管办分离"原则的过程中，各个区都按要求同时设置了区级交易管理机构和交易服务平台。交易管理机构一般是主管农业的职能部门的内设机构，交易服务平台则单独设置，有些被确定为事业单位。在镇街层面，交易管理职能通常由负责"三资"管理工作的综合机构承担，比如镇街的经济科、"三资"管理办公室等，而交易服务机构并没有统一设置。很长一段时期内，交易服务机构没有在镇街层面实现全覆盖，专门的交易站经常设置在经济联社一级。此外，为满足实体化交易服务平台日常的信息公开和流程管理的需要，各区政府建立了集信息发布、成果展示、决策参考等多种功能于一体的信息化平台。表3-3展示了针对农村集体资产交易管理服务机构的设置情况。

表3-3 南州市农村集体资产交易管理服务机构设置

行政层级	主要职责	交易管理机构	交易服务平台	信息化平台
市	指导、监督	有	无	有
区	统筹、协调	有	有	有
镇街	协助、执行	有	部分有	无
经济联社	落实、管理	无	有	无

资料来源：根据各级组织关于农村集体资产交易的政策规章整理。

由表3-3可知，区级政府及农业管理部门在农村集体资产交易中处于承上启下的关键地位，同时设置了交易管理机构、交易服务平台和信息化平台，制定了集体资产交易的具体规则。在上述三类机构中，信息化平台作为全区统一的农村集体资产公开和交易门户，既是实体化交易服务平台的重要支撑力量，也是落实农村集体民主管理的重要手段。通过信息化平台，一般群众可以访问公开的交易信息，相关经济联社或合作社成员还具有访问交易合同详细信息的权限，各级政府和农村集体经济组织相关工作人员则可通过政务外网访问涉及交易管理和监督的内容。同时，为增强服务的主动性，蓝天区农林局还建立了包括村社两级集体经济组织的"两委"成员、党员、户代表、村民代表等群体在内的个人信息数据库，通过信息化平台不定期向其推送农村集体党务、事务、财务和资产交易信息。因此，信息化平台通过主动的信息公开和信息推送服务，既方便了一般群众获取信息，也达到了监督交易过程的效果。在管理制度和服务机构不断完善的情况下，近年来南州市进入公开交易的农村集体资产数量和额度都稳步提升。

2018 年 3 月，《蓝天区农村集体资产交易管理办法》印发。与市级管理办法相比，蓝天区根据本区实际做了相应的细化和调整，主要包括三方面的内容。第一，进一步明确规定了区、镇街、农村集体各级组织的职责。专门指定区农林局集体经济组织管理办公室作为集体资产交易的主管机构，发挥指导监督功能。要求镇街相关管理机构和农村集体经济组织分别履行统筹协调、依法自主经营的职责。第二，在交易服务机构的设置方面，对镇和街道办作了不同要求：建制镇的交易服务机构要设在"三资"管理服务中心内的资产交易监管部，街道办可设立交易服务机构，也可在经济联社设立交易站履行相关职能。第三，明确了集体资产根据属地和分级标准分别进入区、镇街两级交易服务机构进行交易，设置了进入区级交易服务平台进行公开交易的条件，具体标准如下。

（1）单次交易额达到 100 万元以上的集体固定资产的出让、转让。（2）占地面积 6000 平方米以上的集体建设用地的出租，占地面积 10000 平方米以上的集体农用地的出租。（3）建筑面积 10000 平方米以上的集体物业（含厂房、仓库、办公楼、商铺、市场等）使用权的出租。（4）合同标的首年金额达 200 万元以上的土地、集体物业（含厂房、仓库、办公楼、商铺、市场等）使用权的出租。（5）集体建设用地使用权出让、出租，以集体建设用地使用权折价入股、合作建设等重大资产交易。其中，上文中的"以上"均包含本级。不符合上述条件的农村集体资产根据属地管理的原则由镇街交易服务机构组织交易。

（二）交易方式与交易流程

规范交易方式和交易流程，是珠三角地区基层政府对农村集体资产交易监管的主体内容。《蓝天区农村集体资产交易管理办法》对此进行了详细的规定，并持续推动各镇街引导和监督辖内集体经济组织遵照执行。

1. 交易方式

公开竞投是农村集体经济发达地区集体资产交易普遍采用的方式。公开竞投的具体形式包括：现场举牌竞价、书面报价、网络竞价或其他有利于竞争的方式。在蓝天区，一般采取的是现场举牌的方式。以公开竞投方式进行集体资产交易应遵守以下成交规则。(1) 只有 1 个竞投人的，成交价不得低于底价。(2) 有 2 个以上竞投人的，按照价高者得的方式成交。因特殊原因需要以价高者得以外的方式成交的，由农村集体提出申请，镇街交易管理机构审核，经镇街批准后报区农林局备案，并经成员大会或者成员代表会议表决通过。(3) 在价格与条件相同的情况下，本农村集体成员、原承租人等依法、依约定享有优先权的竞投人优先竞得。同时存在 2 个及以上有优先权的，法定优先权在先；不能确定优先权次序的，以现场抽签方式确定竞得人。

按照管理办法的规定，在一些特殊条件下，农村集体资产交易可不采取公开竞投的方式，主要包括以下情形。(1) 发展幼儿园、养老院、社区保洁服务等公益事业项目。(2) 地铁等政府投资并与农村集体发生经济关系的公共设施建设项目。(3) 经连续 2 次采用公开竞投方式交易都因无人报名而未能成功交易的，经农村集体申请不公开竞价的。(4) 以集体建设用地使用权之外的集体资产折价入股、合作建设的。不采取公开竞投方式的，由农村集体提出申请，镇街交易管理机构审核，经镇街批准后报区农林局备案，并经成员大会或者成员代表会议表决通过，可以采取协商谈判等其他方式进行。

2. 交易流程

在《蓝天区农村集体资产交易管理办法》中，关于集体资产交易的流程具有详尽而严格的规定。一项农村集体资产的交易从开始启动到最终完成，需要经历六个阶段：交易准备、立项申请、立项审查、委托受理、组织交易、合同签订。

第一，交易准备。集体资产公开交易前，农村集体应当向镇街交易管理机构申报交易意向。交易管理机构应当针对交易意向所涉项目的行业、类别和特点，根据区域产业发展规划等提供指引。须进入区交易中心交易的项目，应提前向区交易中心进行咨询。农村集体应当在完成交易意向登记后，按照区农林局提供的模板编制交易方案与合同样本。其中，交易方案主要包括以下内容：交易资产的详细信息、交易方式及竞投人资格条件、交易底价及递增幅度、交易保证金数额、合同期限及履约保证金数额、资产适用的产业范围、违约责任。

镇街交易管理机构对交易方案及合同样本初审通过后，农村集体将交易方案及合同样本提交民主表决，农村集体根据表决结果填写"交易民主表决书"。镇街委派员到场见证有关民主表决程序。民主表决通过后，还需将交易资料、民主表决结果等材料在公告栏上公示，公示时间不少于5天。集体建设用地使用权出让、出租及合作建设项目的，公示时间不少于15天。公示完毕后，填写"交易公示情况报告表"。涉及集体建设用地使用权出让、出租及合作建设的项目，属于经济联社所有的，须取得本联社2/3以上成员或者成员代表同意；项目属于合作社所有的，须取得本社2/3以上成员同意。

第二，立项申请。在民主表决公示期间无人提出异议后，农村集体应自表决通过之日起180天内向镇街交易管理机构提交交易立项申请资料。超过180天未提交的，必须重新进行民主表决。交易立项申请资料包括以下内容：交易立项申请表，交易民主表决书，交易公示情况报告表，交易方案、交易合同样本，标的物权属的有效证明材料，交易所需的其他资料。

第三，立项审查。对于资料齐全的交易立项申请，镇街交易管理机构应在接收资料后5个工作日内完成审核，并在"交易立项申请表"上明确承接该宗交易的交易服务机构。

第四，委托受理。资产交易立项审查通过后，农村集体应向交易服务机构申请进场交易并完善申请交易立项所提交的全部资料和农村集体的相关身份证明文件。交易服务机构对所提交资料的齐备性进行审核。进入区级交易中心交易的项目，须由区农林局对所提交资料的民主程序合规性进行复核。交易服务机构自审核通过后5个工作日内，编制"交易规则"等文件，并提交农村集体书面确认。审核不通过的，应将审核意见及时告知农村集体。

第五，组织交易。组织交易是集体资产交易的具体实施环节，包括信息发布、报名登记、进场交易、交易结果公示四个环节。

信息发布。交易服务机构在 5 个工作日内通过南州市农村集体产权流转管理服务平台、各区集体资产交易平台等发布经交易管理机构审核的交易信息。农村集体同时在公告栏、标的物所在地进行公示。按照不同的交易规模，公告期限的时长有所不同，具体如表 3-4 所示。

表 3-4　集体资产交易信息公告期限

公告期限	交易规模
不少于 7 个工作日	合同总金额在 5000 万元或土地面积在 20000 平方米以下
不少于 20 天	合同总金额介于 5000 万元和 1 亿元之间或土地面积介于 20000 平方米和 40000 平方米之间
不少于 60 天	合同总金额在 1 亿元或土地面积在 40000 平方米以上

资料来源：《蓝天区农村集体资产交易管理办法》，其中合同总金额以交易底价计算，"以下"包含本级，"以上"不含本级。

报名登记。竞投意向方按公告向交易服务机构办理交易登记手续，填写"竞投报名登记表"，提交报名资料，并按公告要求缴纳保证金，签署"保证金承诺书"。保证金在交易期间由交易服务机构或农村集体集中管理，1 份保证金只能参与 1 项交易竞投。

进场交易。交易服务机构按照"交易规则"组织交易。竞投开始前，竞投人应填写"竞投会签到表"。竞投时，交易服务机构记录竞投情况，填写"竞投会报价表"。竞投后，竞得人当场签署"成交确认书"。无竞投人或交易失败的，农村集体可以在不变更交易条件的情况下申请重新发布公告。变更交易条件的，须重新申请交易。

交易结果公示。交易完成后，交易服务机构填写"交易结果公告"并通过各种渠道公示。公示时间不少于 5 个工作日。交易结果公示内容包括：（1）交易项目名称；（2）竞得人；（3）交易时间及成交价格；（4）公示期限；（5）镇街交易管理机构监督电话；（6）合同签订。

第六，合同签订。公示结束后 5 个工作日内，农村集体和竞得人应当到交易服务机构指定的场所签订合同。因竞得人原因未与农村集体签订合同的，视为放弃交易，交易保证金按交易规则予以处理。交易服务机构应当对交易项目相关资料进行整理，归档备查，并按规定将相关情况及时录入区平台。

综上所述，农村集体资产交易流程时间长，条件要求严格，交易管理机构和交易服务机构都需要做出大量准备工作。交易的具体流程如图 3-1所示。

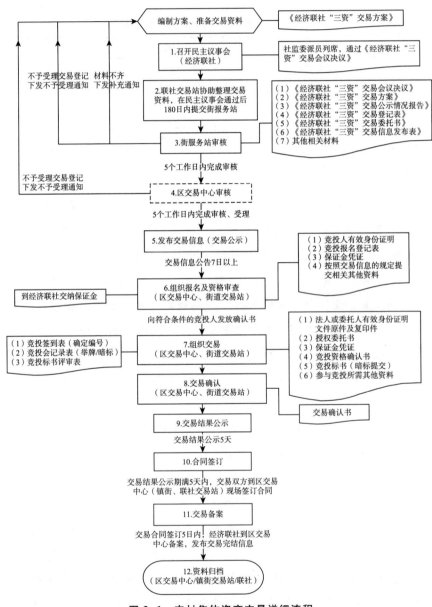

图 3-1　农村集体资产交易详细流程

三　农村集体资产交易管理的政府实践导向

在农村集体资产交易管理中，完备的政策体系和规范的机构设置为蓝天区推进日常监管工作提供了重要的前提条件。在此基础上，各个镇街持续加大政策执行力度、持续完善管理模式，在具体实践中形成了具有基层特点的行动导向。

（一）完善日常管理机制

在政策层面，蓝天区已经对农村集体资产交易做出了尽可能完备的规定，包括集体资产的类型划分、管理服务机构的职责、交易流程的环节等。其目的在于，将集体资产交易涉及的方方面面的问题全部囊括到高度规范化的政策监管体系之中。在具体落实环节，桃源街道办注重对标政策规定实施全面规范，不断完善交易流程、扩大监管范围以减少管理漏洞。

1. 在交易准备阶段，增加交易流程的具体环节

为提高集体资产交易的效率，桃源街道注重在交易准备阶段将推进交易流程所需各项工作提前部署，特别是强化交易文本的规范性和完备性。更重要的是，街道办自主增加了相应的必要环节，主要包括法律审核环节和要求集体经济组织签署承诺书。

首先，突出法律审核的重要性。在加强依法治国的背景下，社会各界对依法行政的要求越来越高，基层政府在处理各类敏感型公共事务时对专业法律咨询服务的需求也随之更加强烈。因此，近年来蓝天区大量镇街一级政府实行了驻点律师的制度，要求律师定期赴街道办公，用以保障基层政府依法行政的规范性。在集体资产交易中，审核交易文本是驻点律师的重要工作之一。交易方案与合同样本是最主要的交易文本，其中涉及很多法律层面的专业知识。为更加谨慎地防范和应对法律风险，桃源街道经济科在收到交易申请资料之后，第一时间交由街道办专门聘请的驻点律师审核，并提出修改建议。

其次，落实农村集体经济组织的主体责任。改革开放初期农村集体资

产建设和使用的不规范，导致大量农村集体资产并没有合法的权属证明，如集体建设用地使用权证、规划许可证、建筑工程开工许可证等。如果按照现行的政策规定，为集体资产办理相关权属证明则缺乏相应的资质条件，比如集体物业的建设缺乏必要的民主表决程序、不符合城市规划要求，有些还被列入"违建"范围。个别资产甚至已经违背了相关法律法规，比如土地的使用不符合地区国土规划中规定的土地性质要求。现实的情况是，大量农村集体资产在不具备相应的法律身份的情况下，进入了市场交易过程并给农村集体带来了可观的收益。地方政府将其归为"历史遗留问题"，要求农村集体经济组织签署承诺书并承诺若产生纠纷需自行承担责任。承诺书具体内容如下：

> 本次招商地块/招租物业_____因历史遗留问题，未能单独办理该地块/物业的所有/使用权证/不动产权证，但我联社/生产社集体拥有该地块/物业完全的所有权及使用权，并保证不存在第三方对该地块/物业的权利主张（如抵押、质押或其他形式的权利瑕疵），也不存在被司法机关和行政机关依法裁定、决定查封或以其他形式限制地块/物业权利等情形，不存在违法建设等情形，且无法律、法规、规章规定禁止流转的其他情形。若因该地块/物业不符合上述承诺情形，或因该地块/物业招商/招租的程序未完善等原因造成贵中心、贵中心的承办机构或有关联的第三方任何损失的，由我社向贵中心、贵中心的承办机构及有关联的第三方承担一切经济和法律责任。①

2. 在交易内容方面，不断扩展行政监管的范围

如前文所述，集体土地和集体物业是蓝天区乃至桃源街道用于出租的最主要的农村集体资产。但是，在农村集体经济发展过程中，经常会出现政策规定无法完全涵盖的交易内容，需要基层政府具体分析和裁定。以下两宗交易就是证明。

---

① 承诺书内容模板来自《蓝天区农村集体资产交易管理办法》附件。

案例一：利用集体物业建设信号发射塔。2018 年 1 月，罗山联社提出一项特殊的集体资产交易申请：利用联社集体物业的楼房顶层为电信运营商架设信号发射塔，以解决周边信号不稳定这一长期困扰群众日常通信的难题。这一宗交易项目不同于常规交易项目的地方在于：第一，占用集体物业的经济价值相对较低。信号发射塔占用的是很少被利用的建筑物天台，且基本不影响集体物业其他用途。第二，租用时间长。信号发射塔是电信运营商的重要资产，其使用年限一般较长，需要签订较长时段的租赁合同。第三，具备明显的公益属性。电信运营商作为承租方，其经营内容不涉及生产，提供的是一种与公共利益相关的服务资源，以更好地满足群众日常生活需求。对于这一特殊的交易项目，本着紧贴群众需求、保障公共利益的原则，街道办建议无须走公开交易流程，而是由经济联社自行与电信运营商协商确定租金。但是，必须坚持以下原则：尽可能减少对占用集体资产的损耗，保证施工过程的安全，签订安全责任书；运营商必须对发射塔定期监测维护，避免发生安全风险；相关资料需要在街道办经济科备案。

案例二：利用集体建设用地存放建筑材料。2018 年 4 月，石桥联社第二合作社所在区域需要完成一条道路扩建工程。其间，大量建筑材料需要一定的存放空间，空闲的集体建设用地成为首选。石桥联社在准备出租合适的集体土地供施工方使用之前，向街道办征询了意见。这宗交易同样不同于常规的集体资产交易：第一，道路扩建属于短期工程，建筑材料的存放时间比工期更短，因此签订的租赁合同必然是短期的；第二，工程建设周期是固定的，如果按照集体资产公开交易的流程推进交易，则无法满足施工方的需求；第三，存放、运输、使用建筑材料涉及环境保护问题，如粉尘污染、噪声污染等，可能影响周边群众日常生活。对此，街道办给出的建议是，在达到安全、环保标准的情况下，可按照简易程序完成交易过程。同样，交易项目的相关资料也需要在街道办备案。

综上所述，作为直接与农村集体互动的基层组织，街道办事处通过优化交易流程、扩展监管范围的方式不断完善集体资产交易的管理机制，力图达到全面监管集体资产交易的目的，体现了处于一线的基层政府具备一定的自由裁量权。

（二）下沉服务管理重心

长期以来，珠三角地区大量农村集体经济组织在集体资产交易方面具有相当程度的自主权。与此同时，集体资产交易过程也是引发贪污腐败、导致群众上访的重点领域。近年来，推动行政力量进一步向基层延伸、实行更加严格的监管是南州市和蓝天区持续推进的工作。

在蓝天区以政府规章的形式出台农村集体资产交易管理办法之前，2015 年 1 月，蓝天区农林局就曾以部门文件的形式印发了相关规范性文件，包括《蓝天区农村集体"三资"平台和交易管理办法》（试行）、《蓝天区农村集体经济合同管理规定》（试行）、《蓝天区农村集体经济组织印章保管和使用规定》（试行）。对比 2015 年的三份文件和 2018 年的政府规章，结合桃源街道集体资产交易管理的具体实践，可发现行政力量向基层一线不断延伸的趋势，这集中体现在交易服务机构的设置方面：在街道办层级设立交易站，同时取消村级集体经济组织交易站。

对于镇街层次的交易服务机构，《蓝天区农村集体"三资"平台和交易管理办法》（试行）规定，镇人民政府的交易机构为农村集体"三资"管理服务中心内设的资产交易监管部，街道办事处的交易机构为辖下集体经济组织设立的经济联社交易站。这意味着与镇政府的要求不同，街道办无须设立专门的交易服务机构，而是由辖内集体经济组织设立交易站自行组织交易。2018 年《蓝天区农村集体资产交易管理办法》也没有对街道办建立交易服务机构做出强制要求，具体条文是："街辖内农村集体资产交易服务机构为在街道或经济联社设立的交易站。"在很长一段时期内，蓝天区各街道办也是按照政策要求，没有专门设立街属交易服务机构。但是，街道层次交易服务机构的缺失，以及对经济联社监督力度不够，带来了一些交易过程不规范的问题。

2016 年 6 月，蓝天区农林局印发了《关于要求街道强化监督集体资产交易流程工作的通知》，指出了部分街道集体经济组织在"三资"管理平台上发布的招标公告和中标公告存在异常情况。主要包括：招标信息存在信息不完整、招标报名时间在招标公告发布时间之前等问题；中标信息存在公示时间与合同签订时间间隔太短、中标信息不完整等问题；招标信息的公告期限没有达到规定的要求。上述问题反映出村社两级集体经济组织在自行组织交易过程中，并未严格遵循政策要求。对于交易流程不规范的问题，蓝天区农林局重新强调了街道办监管的重要作用，并对其提出了具体要求：一是对于集体资产交易的户代表及股东代表以上的民主表决会议，街道需派"三资"管理人员参加；二是招标、中标公告须经街道办审核方可发布；三是集体资产交易的报名登记与合同签订地应安排在街道，街道对报名登记、资产现场交易过程进行监督。

由于街道办受限于人员不足、精力不济等问题，对农村集体资产交易过程的监管始终难以达到预期目标。在这种情况下，蓝天区农林局试图在各街道办事处的集体经济组织"三资"管理办公室的基础上，增设"三资"交易监管部，通过正式的交易服务机构来加大监管力度。2017年10月，区农林局就建立街道一级的集体资产交易监管部向各街道办征求意见，并提出交易监管部的人员经费和办公经费由区财政负责，办公场地安排则由各街道负责解决。对于在街道办设立集体资产交易服务机构的动议，桃源街道总体上是持支持态度的，但是也提出了需要提前考虑的问题：一是交易监管部的建立及其配套设施应设定相对统一的标准，交易流程监管也应出台明确的规定；二是交易监管部成立后，工作人员的专业性需要保证，需要上级部门提供系统性培训，并对日常运转经费提供稳定的支持。

经过数月的意见征询和实地调研，从2019年开始，蓝天区农林局正式要求在各街道办建立交易站。桃源街道作为最初的试点街道之一，于2019年7月4日正式将街道交易站投入使用。桃源街道交易站参照区交易中心标准化建设，站内设有主持人、记录区、监督区、竞投区四个交易专区，职能分工明确，运作系统有序，确保了竞投全过程规范进行。街道办"三资"交易部组建完成后，区级交易以下的集体资产不再由各联社自行组织交易，而是统一由街道组织实施，原联社交易站自动撤销。对于街道交易站，桃源街道办专门在内部进行了宣传报道，并特别强调了公开交易对于提升资产价值的作用。

7月4日上午，桃源街道集体资产交易站第一宗交易落槌，标志着经过半年多的精心建设，街交易站正式实施交易，极大地促进街道"三资"管理工作更加制度化、规范化、标准化。此次交易项目共两宗，第一宗标的物为石桥第十五合作社兴旺大街38号厂房，第二宗标的物为石桥第十二合作社大元耕地。兴旺大街38号厂房出租底价为月租金3万元，经过多轮的举牌竞投，最终成交价为月租金3.7万元，溢价提升23.33%，合同标的总金额溢价42.98万元，此次成功交易实现了集体资产保值增值。竞投前，各竞投方已签订"廉洁自律承诺书"；竞投后，按照交易规定，中标方与出租方合作社负责人当场签订了"成交确认书"，保障成交结果。待成交公示结束后，合同甲乙双方将正式签订"廉洁自律协议书"，以加强廉洁约束。

2019年以来，蓝天区各街道办陆续建立了集体资产交易站，村级交易站的职能被取代，机构大都被撤销。街道交易站的设立，代表着行政力量向农村基层延伸，对于规范公开交易流程、实现交易过程监管具有重要作用。同时，在促进集体资产增值、增加集体收益方面也有一定的推动作用，这为上级政府推行此项措施增强了合法性。

（三）聚焦大型重点项目

据统计，蓝天区辖下农村集体经济组织达1934个，其中村、经济联社166个，合作社1768个。村、社两级农村集体经济组织集体土地和集体物业存量大、分布广，但是普遍以碎片化形式分布和经营，这是蓝天区农村集体资产的典型形态。一直以来，蓝天区农村集体资产交易分为区、镇街两级，集体资产根据属地和分级标准分别进入各级交易服务机构进行交易，达到一定的条件才能进入区交易平台。在农村集体资产交易中，基层政府重点关注的是交易规模相对较大的项目，具体指标包括占地面积、单次交易额、合同总标的等，也就是进入区级交易服务平台的交易项目。与

2015 年蓝天区农林局的政策要求相比，2018 年出台的《蓝天区农村集体资产交易管理办法》明显提高了进入区级交易平台项目的标准，具体如表 3-5 所示。

表 3-5　进入区级交易平台的标准及其变化

项目	单位	2015 年标准	2018 年标准
集体固定资产出让、转让	单次交易额	10 万元	100 万元以上
集体建设用地使用权出租	占地面积	5 亩	6000 平方米以上
集体农用地使用权出租	占地面积	—	10000 平方米以上
集体物业使用权出租	建筑面积	3000 平方米以上	10000 平方米以上
集体土地物业使用权出租	合同标的首年金额	50 万元以上	200 万元以上
集体土地物业使用权出租	合同期限	10 年以上	—
其他标准	—	联社申请、社员要求	重大资产交易

注：按照管理办法的规定，重大资产交易是指集体建设用地使用权出让、出租，以集体建设用地使用权折价入股、合作建设等。

资料来源：根据《蓝天区农村集体资产交易管理办法》整理，表中"以上"均包含本级。

由表 3-5 可知，进入区级交易平台的项目标准比之前大幅提高。这表明，将规模体量较大、对区域发展具有关键作用的交易项目纳入上级政府视野并进行严格监管，已经成为重要的政策导向。这一导向有助于推动区级交易服务平台在资源有限的情况下有所侧重，避免因承接不必要的交易项目而顾此失彼。上级政府对重点项目的密切关注，主要出于以下考虑。一是经济价值层面。重点项目经济效益高，对农村集体收益、地方财政税收贡献大，各级政府普遍重视并积极提供相关政策措施支持。二是区域规划层面。重点项目的占地面积大，引入的产业类型对地区经济社会长远发展具有重要影响。一旦招商成功，短期内很难扭转发展方向。因此，地方政府从区域国土规划、总体布局和发展远景的角度出发，对大型项目落地一直比较慎重。三是社会效益层面。对于农村集体经济组织来说，集体资产交易的首要考虑往往是经济效益，但是地方政府必须将社会效益也纳入其中，比如产业转型升级、生态环境保护、公共服务供给等都需要统筹研判。

对于进入区级交易平台的项目，特别是对区域发展具有重要影响的项目，街道办往往主动提前把关、深度介入，以保证引入项目符合地区发展需求。在桃源街道，高旺联社 2017 年提交的一宗交易申请涉及近年来最为典型的重点项目，街道办全程跟进、有序引导，展现了行政力量深度参与的具体实践。本部分以下内容将对这一案例进行展示。

2017 年 5 月 10 日，高旺联社第八合作社所辖的金邦、万泰地块原集体物业租赁合同到期，随之向桃源街道办提出了交易申请。金邦、万泰地块最早是 20 世纪初由金邦制模有限公司和万泰鞋业有限公司租用的土地，前者的主要产品是鞋模，与后者形成了互补的产业链。两家公司搬离之后遗留下了大量厂房物业，成为供打包出租使用的集体资产。该地块占地面积为 34197 平方米，已建厂房占地面积 11738.75 平方米，建筑面积为 17193.6 平方米，已经达到进入区级交易平台的标准，其地理位置如图 3-2 所示。第八合作社在最初提交的交易申请中，提出资产为商业用地，地块现有建筑物可用于非生产类的办公、培训，承租方可申请对工业园区进行升级改造。租金底价为每月 350000 元 ［约 10.2 元/（米^2·月）］，租期 20 年，租金每 3 年递增 10%，免租期为 3 个月。桃源街道办规定进入区级交易平台的属于街道办重大交易事项，必须由街道办"三资"管理工作联席会议研究讨论通过之后才能公开交易。

在"三资"管理工作联席会议召开之前，经济科就金邦、万泰地块交易向街道办各科室征求了书面意见，城管科和国规所联合提出了建议。具体建议内容是：第一，该地块占地约 51 亩，位于南花路西侧，现为空置厂房，地块规整，交通便利。根据城市规划，该地段已规划为空港驿站片区，在编控规已调整为商业用地，建议招商业态根据发展情况并参考负面清单适时优化。第二，由于该地块紧邻南花路的高旺立交桥，是长期的交通堵点，建议充分考虑入驻企业对沿线机动车辆通行的影响，尽量减少塞车情况。第三，该地块改造基础较好，可结合周边的商业配套缺口积极谋划，加快高旺的经济发展。在制订招商的具体方案和拟定合同条款时，建议限制物流、仓储等低端产业用途。

按照"三资"管理工作联席会议的要求，经过一段时间的筹备，2017年 10 月 17 日，桃源街道经济科专门组织召开了金邦、万泰地块招商推介

图 3-2　万泰、金邦地块所在的地理位置

会。推介会邀请了两家高质量市场主体，分别就投资设想向高旺联社及第八合作社社员代表进行详细介绍。这两家单位是：民办十二年一贯制全寄宿中小学——蓝天区外国语学校，电子竞技产业新兴企业——南州市数智科技有限公司。其中，前者的投资方向是继续扩建学校，并建设配套酒店，因为金邦、万泰地块本身就紧邻蓝天区外国语学校，具有地理上的便利条件；后者的投资方向是建设数娱电竞商业孵化基地，并打造成为南州市"电竞小镇"。对于上述两家市场主体，桃源街道办和高旺第八合作社出现了不同的意向，在确定开发主体方面形成了僵持局面：第八合作社倾向于选择数智科技有限公司，租金收益有提升的空间；街道办则从增强区域教育实力的角度出发，倾向于选择蓝天区外国语学校。

2017 年 11 月 28 日，高旺第八合作社向街道办提出利用金邦、万泰地块与数智科技有限公司进行合作建设，将合作期限定为 40 年。由于折价入股、合作建设合作期限过长，具有更多的不确定性，街道办对此予以否决。12 月 19 日，高旺第八合作社再次向街道办递交了新的交易方案和租赁合同样本，注明租赁年限为 20 年，并在交易方案中增加了"项目禁止学校、幼儿园产业"的条款，意在施压街道办，排除外国语学校的竞标资格。街道办经济科参考南州市城市总体规划的内容，指出该地块部分土地已规划为教育科研用地，"禁止学校、幼儿园产业"条款不符合规定。经济科建议高旺第八合作社仅需列明租赁物可用于从事的产业范围，而不做具有歧视性的禁止条款。经过长时间的解释及协调工作后，经济科于4月20日晚召开了高旺第八合作社成员大会，街道办"三资"管理分管领导及相关工作人员参会。在会议上，大部分社员表示可不禁止学校、幼儿园产业，只要求加快推进该地块的租赁事宜，尽早保证集体收益的持续性。此后，桃源街道办向区交易中心递交了相关资料，经过公开交易的流程，数智科技有限公司作为主要招商对象和竞标主体最终获得了金邦、万泰地块的使用权。

金邦、万泰地块及物业的使用权交易耗时近一年，其间桃源街道办和高旺第八合作社经历了大量的协商、争执甚至冲突。在筹备交易期间，来自该地块及物业的集体收益中断，但其维护仍然需要持续投入成本，包括水电费用、保安工资等，事实上造成了集体收益的损失。这一艰难的博弈过程体现了重大集体资产交易的特殊性：集体经济组织更加注重经济效益的单一维度，而基层政府则倾向于根据地区发展实际进行综合考虑，有时二者之间不可避免地会产生矛盾。

（四）追溯历史遗留问题

合同订立是完成农村集体资产交易的最终成果和关键环节，也是积压历史遗留问题的重点领域。在改革开放初期的乡村工业化时代，宽松的政策环境和经济效益先行的原则导致蓝天区农村集体资产交易普遍不太规范。其中，最为突出的问题是资产交易合同的订立不符合现行政策法规的要求，个别资产交易甚至没有签订合同，而是采用了口头约定的方式。面对集体资产交易合同存在大量不规范订立的现象，开展合同清理工作，尽可能全面准确地掌握交易合同存在的各类问题，并为后续合同整改工作提供参考，成为蓝天区农林局及各镇街的重要工作内容。合同清理工作的目的在于，加强集体经济合同的规范化、制度化、信息化管理，严防合同管理漏洞、消除集体资产流失隐患，最终提高农村集体资产经营效益。但是，此项工作推进难度较大：一是工作量大，农村集体资产交易合同的体量大，存在问题的合同占比也大；二是工作质量保障难度大，将所有正在履行的合同全部纳入清理范围，需要尽可能避免缺失、遗漏等问题。

1. 合同清理工作

近年来，蓝天区农林局直面历史遗留问题，牵头开展了两次集体资产交易合同清理的工作。2017 年 4 月，蓝天区农林局专门制定了《关于进一步开展蓝天区集体经济组织合同清理工作的实施方案》，要求各个镇街在最近一轮清产核资基础上组织实施，但是工作成效并不明显。2018 年 5 月，蓝天农林局再次制订了《蓝天区深入推进集体经济组织合同清理工作的实施方案》，并以区委办和区府办的名义印发，以督促各镇街以更大力度强化落实。与 2017 年的合同清理工作相比，2018 年蓝天区政府对此项工作更加重视，要求也更高。表 3-6 比较了两次合同清理工作的具体内容。

表 3-6　两次合同清理工作的具体内容

项目	具体内容	2018 年合同清理	2017 年合同清理
清理对象	经济实体	农村集体经济组织及依托集体资产成立的公司	农村集体经济组织及依托集体资产成立的公司
清理范围	各类合同	2013 年 1 月 1 日至 2018 年 5 月 31 日订立或正在履行的合同	正在履行的承包、租赁、合作开发等合同
工作内容	完善台账	摸清合同底数，形成自查台账并向全体社员公示，完善"三资"管理平台信息	整理归档合同，并在街道办备案，完善"三资"管理平台合同信息
	合同审查	全面审查"三资"平台登记录入情况、民主表决程序的规范性、重大合同入账情况、合同的合法性等	主要审查合同期限是否符合规定、合同单价是否明显有失公平、重大合同民主程序是否完善等
	问题整改	形成问题合同台账，并在"三资"管理平台标注，联合司法等职能部门逐步解决	未涉及
	责任追究	对清查工作发现的问题严肃追究相关人员责任，涉嫌构成犯罪的移送司法机关处理	未涉及
	纳入信息化管理	通过合同清理将"三资"管理系统与地理信息平台对接，实现合同涉及资产可视化	未涉及

资料来源：根据蓝天区 2017 年、2018 年集体经济组织合同清理工作实施方案整理。

如表 3-6 所示，2017 年合同清理工作的主要内容是对正在履行的合同进行全面梳理，重点审查合同期限是否符合规定、合同单价是否明显有失公平、重大合同民主程序是否完善等三个问题，在此基础上完善"三资"管理平台的合同信息。其中，完善"三资"管理平台的合同信息是重中之重，包括修改错误信息、增加合同关联资产、上传合同扫描件等。但是，对于审查之后的如何进行整改、责任追究等，并没有明确的要求。总体上看，2017 年合同清理工作更多的是对合同合规性进行"摸底"，为后续整改工作奠定基础。同时，各个镇街在推进工作过程中发现的各类历史遗留问题，让蓝天区农林局对此项工作的艰巨性有了更加客观的认知。比如，农林局在制订工作方案时，从"三资"管理平台初步导出的存在问题的合同就多达 1975 份，而这只是不完全统计下的冰山一角。其中，桃源街道问题合同数量为 677 份，为各镇街之最，高旺、石桥、罗山、清水 4 个经济联社相应的合同数量分别是 143 份、285 份、243 份、6 份。

相比之下，2018 年开展的合同清理工作更加系统，要求也更高，主要体现在以下方面。第一，清理的合同范围更广。不仅需要清理正在履行的合同，还要对 2013 年 1 月 1 日至 2018 年 5 月 31 日签订的合同且已经履行完毕的合同进行追溯。第二，在完善合同台账这一环节，增加公示环节，且公示时间不少于七天。第三，全面审查合同存在的各类问题。主要包括：核查集体经济组织提交的合同与"三资"平台中登记合同的一致性，是否存在未通过平台进行交易的合同；审查合同的订立程序，特别是合同签订前的民主表决、审查备案等程序是否合规；审查合同的合法性，包括合同年限等信息是否合法、土地性质信息是否存疑；核查重大合同①（征地拆迁合同除外）在 2013 年 1 月 1 日至 2018 年 5 月 31 日的入账情况，检查合同应收收入与实际收入是否一致，并对收入不一致情况深入核查原因。

更为重要的是，2018 年合同清理工作提出了对问题合同进行整改、提升信息化管理水平等后续工作任务。一方面，要求各个镇街联合司法、国土等职能部门对问题合同进行彻底整改，以达到符合法律规定和政策要求

---

① 按照 2015 年《蓝天区农村集体"三资"平台和交易管理办法》对重大合同设置的标准，即土地面积超 5 亩或物业面积超 3000 平方米的合同。

的目标，而不是仅停留在完善"三资"管理平台合同信息这一初级整改阶段。另一方面，在合同清理的基础上，蓝天区要求在信息化管理上更进一步：将"三资"管理系统与蓝天区地理信息数字平台对接，在地理信息数字平台中标注集体经济组织合同涉及资产的具体坐标位置，实现两个平台之间信息互联互通。在这一政策导向下，合同清理工作获得了更大的推动力度和工作成效。

2. 合同整改工作

根据媒体的公开报道，在 2018 年的合同清理工作中，蓝天区农林局全面梳理了全区农村集体经济组织 9 万余份合同，整理发现了问题合同 5 万余份。主要清理出了四类问题：一是合同信息在"三资"管理平台录入错误或未录入；二是合同订立缺少民主表决程序；三是合同年限超出法律规定；四是合同租金欠收。对于上述问题，蓝天区农林局给出了方向性的整改意见：对于在"三资"管理平台录入错误、未录入的合同，全部重新登记录入；对于缺少民主表决程序的合同，全部重新组织民主表决；对年限超长的合同，严格按照《中华人民共和国合同法》等法律法规调整年限；对租金欠收的合同，由村社按照合同约定进行追缴，或按市场价格协商调整租金。

对于经清理之后发现的大量问题合同，整改难度各不相同。完善"三资"管理平台信息、追缴欠收的租金短期内可以完成，但是其他问题整改难度较大：重新组织民主表决需要耗费大量时间成本和经济成本；调整年限超长的合同对正在经营的市场主体可能造成重大影响，因而推进速度相对较慢；而对于未经过"三资"管理平台公开交易的合同，需要对相关资产重新按照规定流程组织交易，必然耗时更长。按照上级政府的要求，蓝天区各个镇街开展了漫长的整改过程，特别是与合同的乙方即承租方进行了大量的沟通协调。桃源街道作为问题合同最多的镇街之一，自然面临着繁重的整改任务。

根据 2018 年合同清理结果以及后续多次核查，桃源街道在 2013 年 1 月 1 日至 2018 年 5 月 31 日订立或正在履行的问题合同数量多达 2325 份。表 3-7 反映了各经济联社存在各类问题的合同数量。

表 3-7　桃源街道现有合同存在问题分类统计

单位：份

项目		石桥	清水	高旺	罗山	总计
总合同数		835	353	492	911	2591
问题合同数		705	340	479	801	2325
需重新交易的合同	区级	27	14	11	0	52
	镇街级	135	125	40	201	501
平台信息不完善		189	210	237	311	947
合同租金欠收		60	120	59	141	380
合同年限超长		248	150	84	225	707
民主表决程序缺乏		665	301	420	767	2153
未上平台公开交易		155	32	166	76	429
合同面积不一致		26	2	2	8	38

资料来源：桃源街道办经济科统计数据。

　　由表 3-7 可知，目前正在履行的合同存在的最为普遍的问题是缺乏民主表决程序，高达 83% 的被审查合同存在这一问题。这表明，在很长一段时间内，大部分集体资产在交易之前并没有严格执行规范的民主表决程序。紧随其后的问题就是"三资"管理平台的合同信息录入不完善，这是长期未能彻底解决的问题，反映了大量农村集体经济组织的"三资"管理工作基础较为薄弱。其他比较突出的问题还包括合同年限超长、未按规定进入"三资"管理平台进行公开交易等。最终，桃源街道办确定了需要重新进行公开交易的合同 553 份，这是整改工作的重中之重和难点所在。在规定期限内对上述合同重新按照规定流程进行交易，对于街道办和各级集体经济组织来说都是一项成本高、耗时长的艰巨任务。更为严重的是，在需要重新公开交易的合同中，很多是原本以集体土地出租的形式进行的交易，不少原承租方已经在租赁土地上建起了物业。对于这部分属于原承租方所有的资产，还需要在规定流程之外增加一项资产评估的环节。如果在重新公开交易之后，由新的承租方租用了集体土地及附属物业，那么就需要补偿原承租方的资产损失。接下来，本书以一宗重新进行公开交易的合同整改工作为案例，来说明合同整改工作的典型过程。

　　1998 年 6 月 13 日，石桥联社第二合作社将位于新桥路 40 号面积为 1258.6 平方米的集体土地租给高旺村民曾某使用。合同的期限为 15 年，从 1998 年 7 月 1 日始至 2013 年 7 月 1 日止，租金价格为 2.8 元/（米²·月）。获得土地使用权之后，承租方建设了简易厂房自用。2010 年 1 月 1 日，原承租方与第二合作社协商，将所租用的土地和厂房转租给新的承租方梁某，梁某与第二合作社签订了原合同的补充协议。主要内容为：原租用土地面积不变，但租赁期由原来的 15 年延长至 42 年，即从 1998 年 7 月 1 日至 2040 年 7 月 1 日。新的承租方梁某获得土地和物业使用权后，将简易厂房改建为六层框架结构的厂房。

　　上述石桥联社第二合作社的合同及补充协议，存在合同年限超长、民主表决程序不规范、未进入"三资"管理平台公开交易等问题。按照规定，桃源街道对该合同确定了重新进行公开交易的整改要求。2019 年 5 月 18 日，第二合作社与转租后的承租人梁某签署了租赁合同解除协议。协议规定，乙方即承租方同意将租赁物通过"三资"管理平台进行公开招租，并由竞投中标者对乙方所投资建设的建筑物或构筑物予以补偿。补偿标准由独立第三方评估后按市场评估价格予以补偿，补偿后原合同及补充协议自动取消。协议鼓励乙方积极参与公开招租竞投，若中标则无须支付建筑物或构筑物补偿款。在合同解除协议签署后，桃源街道专门通过公开招标确定了一家房地产土地与资产评估咨询公司，对蓝天区桃源街道新桥路 40 号地上建筑物及配套设施的市场价值进行评估。评估对象的占地面积为 1258.6 平方米，建筑面积为 2654.94 平方米。房屋现状用途为商铺、办公楼、厂房，其中首层为商铺，2~6 层为厂房。以 2019 年 7 月 20 日为时点的评估价值为 942.5 万元。

　　在评估了建筑物的经济价值之后，石桥第二合作社经过拟定交易方案和合同样本、民主表决、公示等一系列准备工作，最终于 2019 年 12 月 26 日向桃源街道办经济科提交了立项申请，确定了土地的租赁期为 20 年，交易底价为 7.09 元/（米²·月），租金每 3 年递增 10%。2020 年 4 月 13 日，该宗交易成功立项。最终，参加竞投的仍然是原承租方梁某，顺利获得了集体土地和物业的使用权并重新签订了合同。

上述合同整改过程耗时达一年之久，其间街道办经济科经历了与石桥第二合作社、原承租方梁某的艰难协商过程。在整个合同整改过程中，原承租方的经济利益受到了很大的损害，不但影响了企业的正常经营活动，而且还要承担土地租金上涨的压力、第三方公司对建筑物的评估费用等。而最终的结果仍然是由原承租方获得了土地和物业的使用权，只是交易过程更加符合 2018 年出台的《蓝天区农村集体资产交易管理办法》的详细规定。在桃源街道，类似的合同整改过程耗费了街道办和各级集体经济组织大量工作精力，客观上造成了政府与集体经济组织、市场主体之间的一些矛盾。但是，在确保交易合法合规、彻底解除后顾之忧的共同目标下，各参与主体最终完成了此类合同的整改任务。

四　农村集体资产交易管理的现实挑战

推动农村集体资产交易全面纳入行政监管视野，是近年来蓝天区促进农村集体经济规范发展的重要政策导向。在制度环境的不断完善、服务管理机构不断优化的条件下，蓝天区农村集体资产交易逐步进入了规范化管理的快车道。在这一过程中，基层政府设定了公开交易流程、加大了日常监管力度、缩小了农村集体经济组织模糊操作的空间。与此同时，加强农村集体资产交易管理也遭遇了一些现实挑战。

（一）规范管理与经济效率之间的矛盾

制定完备的政策文本并使其尽可能全面覆盖交易过程的各个环节，是对农村集体资产交易实行普遍规范管理的前提。从南州市和蓝天区两级政府制定的关于农村集体资产交易的管理办法中可以发现，追求制度文本的全面细致是最为重要的原则。在集体资产的范围方面，不仅区分了资源性资产、经营性资产和非经营性资产，还进行了更加细致的类型界定，比如"农村集体接受国家无偿划拨和其他经济组织、社会团体及个人资助、捐赠的资产，农村集体所有的有价证券、债权"等都包含在内。同时，特别指出了国家投资建设但归农村集体实际管理使用的公益设施属于不得交易的农村集体资产。在行政机构建设方面，按照"管办分离"原则分设了交易管理机构和交易服务机构，并清晰划分了不同行政层级和不同服务管理主体的职责。在交易流程方面，对交易资料具体内容进行了详细说明，对民主表决、公开公示等程序进行了严格规定。

　　遵循规范的政策文本并保证严格执行，有利于避免农村集体资产交易的暗箱操作及其带来的负面后果，这是基层政府的首要目标。但是，对于农村集体经济组织来说，公开交易的复杂流程影响了农村集体资产交易的效率。在租赁型集体经济兴起之后的很长一段时期，蓝天区大量农村集体资产交易并没有实行公开交易，而是普遍由农村集体自主招商，并与有意向的投资方直接谈判。基层政府对集体资产交易的监管并不严密，大量交易并没有进入行政监管视野。这种趋势直到农村集体"三资"管理平台建立，特别是市、区两级集体资产交易管理办法出台之后才得以真正扭转。与农村集体自主决定交易相比，政府引导的公开交易流程注重资料完备、程序严密，不可避免地减缓了集体资产交易的进度和集体收益回笼的速度。特别是进入区级交易平台的资产交易项目，需要经历更加漫长的审核周期。对此，石桥经济联社的一位工作人员讲道：

　　　　我们感觉，现在集体资产交易的程序越来越复杂。虽然街道已经给了我们详细的指引，但是我们又不是专业人士，在准备具体材料的时候还是搞不清，经常需要返工。每个环节都是这样，来来回回好多次，时间耽误了很久。今天说交易方案信息不准确、内容不全，明天说民主表决材料不规范，最后交易确实是完成了，但是大半年时间都过去了。实际上这是我们的集体损失，厂房物业放在那里就是浪费，村民都希望早点交易早点收租，但是实际情况就是这样，没办法（访谈资料，CQH20180514）。

　　面对农村集体对公开交易流程的抱怨，桃源街道办经济科的负责人也有自己的观点，认为在遵守政府要求的情况下，街道办已经尽可能以最快的速度审核各类交易资料了。

经常有合作社的社长过来找我们，有时候还带着群众过来，问进度能不能加快一点。我们绝对没有任何的推诿怠慢，肯定也是想尽快帮助村里完成交易的。但是，前提是要按上级的规定办事。你看看区里最新的农村集体资产交易管理办法，按照那一套流程走下来，就算没有任何的障碍，经济科接到交易申请后当天就审核完，一天都不耽误，最快都要18天。而且这基本是不太可能做到的。从联社这方面来说，中间有公示，还有民主表决，如果村民有疑问，我们还要回应，这需要时间。从街道方面来说，对于交易方案和交易合同，我们要征求律师的意见、司法所的意见，如果遇到个别拿不准的问题，还要向区农林局请示，这也需要时间。所以，一般一个项目从申请立项到交易完成，一个月能搞定算是不错的了（访谈资料，CQQ20180514）。

规范化管理之后的农村集体资产交易，客观上确实影响了集体经济运行的效率。但是，应对不公开交易带来的负面效应，特别是贪腐风险，是当前农村集体经济发展中的首要任务。因此，强化监管仍然是南州市和蓝天区今后农村集体资产交易的主流政策导向。与此同时，规范化管理必然会增加相应的行政成本。目前，在南州市的一些行政区，农村集体资产交易的机构、人员、经费等资源保障仍然还存在不到位的地方。特别需要关注的是，基层镇街大量聘用制工作人员流动性大，导致对业务不熟悉成为常态，影响了农村集体资产交易的推进速度和监督力度。

（二）历史问题与现行政策之间的矛盾

从乡村工业化时期集体企业的"野蛮生长"，到以土地和物业出租为主的租赁型经济渐成主导，蓝天区农村集体经济发展总体上延续着先发展、后治理的思路。在这一过程中，蓝天区各个镇街积累了大量不符合现行法律法规和政策要求的历史遗留问题。比较突出、大量存在的历史遗留问题主要包括三类：一是进入交易流程的集体资产缺乏权属证明，二是资产交易的合同文本不符合政策法规要求，三是集体资产交易未经过集体经济组织成员的民主表决程序。对于上述问题，近年来蓝天区开始全面梳理和整改,力图彻底解决历史遗留问题。

第一,待交易的农村集体资产因缺乏权属证明带来了一系列潜在风险。以建设用地流转为例,根据 2015 年发布的《南州市集体建设用地使用权流转管理办法》(南府办〔2015〕39 号)的规定,集体建设用地使用权出让、出租时应"三证"(集体土地所有权证、集体土地建设用地使用权证、农村宅基地使用权证)齐全。同时,根据《南州市农村集体资产交易管理办法》的规定,交易服务机构不对进场交易的农村集体资产的质量瑕疵、权属合法性瑕疵以及合同违约等风险承担法律责任。因此,大量"三证"不全的农村集体建设用地实际上越过了国土部门对于农村集体建设用地流转的统一管理,转而通过各级农村集体资产交易平台实施了流转。当出现合同纠纷时,按照目前的司法实践,农村集体经济组织的权益难以保障。权属清晰可证是资产交易的前提条件,而蓝天区大量农村集体资产交易,特别是集体建设用地使用权出租,缺乏这一条件,所以在产生法律纠纷时农村集体权益自然不能得到有效保护。

2020 年 5 月 19 日,南州市规划和自然资源管理局专门印发《南州市"房地一体"农村宅基地和集体建设用地确权登记发证工作方案》(南规划资源字〔2020〕22 号),重点对未确权登记的符合登记发证条件的农村宅基地、集体建设用地使用权及地上房屋所有权进行统一确权登记并颁发不动产权证书。首先,对于权属清晰的农村集体建设用地,工作方案规定:1987 年 1 月 1 日后,村(社)公益事业和公共设施用地、镇(街)企业用地和其他经依法批准用于非住宅建设的集体土地,应当依据区级以上人民政府批准文件,确定使用单位集体建设用地使用权。但是对于蓝天区很多集体经济组织来说,并没有"区级以上人民政府批准文件"。其次,对没有土地权属来源的集体建设用地,工作方案规定,应当查明土地历史使用情况和现状,依法依规分类处理后进行确权登记。1999 年 1 月 1 日之前土地利用现状变更为集体建设用地,应当查明土地历史使用情况和现状,认定属于合法使用的,经所在村(社)同意并公示 30 天无异议,经镇(街)审核后,报区人民政府批准,予以确权登记。对于 1999 年 1 月 1 日之后土地利用现状变更为集体建设用地,需依规定办理用地批准手续后,予以确权登记。但是按照现行政策，办理用地批准手续要求高，需要大量准备材料且程序复杂，很多农村集体经济组织完成确权面临很多困难。因此，蓝天区很多农村集体资产交易仍然维持现状，在产权权属未认定的情况下进入市场进行流转。

第二，对于集体资产交易中的"问题合同"，上级政府倾向于按照现行政策法规要求进行整改，但是遭遇了不少困难甚至争议。在合同整改过程中，无论是重新签订符合《中华人民共和国合同法》规定年限的新合同，还是重新进行民主表决，都能通过投入大量行政力量、协调各类市场主体的方式加以完成。但是，有些整改事项的推进就相对更加艰难，比如，对于2017年蓝天区合同清理工作方案指出的"合同单价明显有失公平"这一问题，在整改过程中就遭遇了挑战。上级政府的意图在于，单价过低的合同可能存在的暗箱交易和贪腐行为，也不符合现时的市场行情，需要重新确定更高的租金。但是，对于作为承租方的市场主体来说，提高租金无法接受，而且不符合契约精神，有损营商环境。对于这一要求，桃源街道办分管"三资"工作的副主任也有自己的看法：

> 我们这里有不少合同原来的租金都很低，每平方米 0.5 元、1 元的地租也不少见。按今天的市场价值来说肯定是低了，但是我们不能用今天的眼光去衡量 10 年前、20 年前的合同价格。当年我们桃源离城区还是比较远的，而且交通不太便利，路也不好。就算是现在，我们这里也不算是投资旺地，整体租金都不算很高。人家当年能过来投资办厂，已经很好了，看中的就是相对低廉的租金。结果现在市场形势好了，就要提高人家的租金，说实在的，也确实不太合理。而且经济形势是变动的，等形势不好了，是不是租金就应该降下来呢？比如之前在疫情防控期间，我们都给了几个月的免租期了，当然这是特殊情况。所以，合同定好的租金价格，最好不要随意地人为去变动（访谈资料，LJ20200605）。

(三) 政策目标与执行现状之间的矛盾

在农村集体资产交易管理中，基层政府的理想化目标有两项：一是对交易过程进行全方位的监管，二是推动交易的公开化。但是，上述政策目标在具体落实中引发了一些问题，个别环节推进并非完全顺利。首先，在强大的行政力量主导下，公开交易成为主流，不公开交易的情况越来越少，但是并未完全消失。一些镇街工作人员反映，尽管越来越多的农村集体资产已纳入公开交易流程，但是可能仍然存在个别"漏网之鱼"。目前，仍有一些农村集体经济组织未能按规定将全部交易情况以及所有资产、资源上传至平台，部分村社干部对于将集体资产交易"晒家底"存在畏难情绪，对清产核查工作有所保留和隐瞒。其次，一些村社干部对公开交易有不同看法，认为过分公开透明可能暴露交易中的商业机密。另外，一些集体经济组织对"三资"管理平台的认识存在偏差，认为公开交易效率不高，因而不积极通过平台发布信息招商、上传交易资料等，这进一步影响了集体资产的使用效率。桃源街道办辖内不少合作社干部表达了类似观点，清水联社第三合作社社长表示：

> 公开交易的确能杜绝暗箱操作，但是我认为大部分交易是合法合规的，没有太多的花样。公开交易让准备进驻的厂商有了更多的选择，你看现在我们跟隔壁几个镇街相比并没有明显的优势，地理位置、交通设施、人居环境这些条件都差不多，租金也差不多。现在"三资"平台上所有的交易信息清清楚楚，特别是租金也都列上去了。老板商人们确实是方便了，但是不同镇街的各个联社、合作社之间的竞争更激烈了。如果我们租金太高，人家可能就走了，去别的地方经营了。要想更快地租出去，我们可能就要降低租金了，或者是把物业周边环境搞好，这又需要更多的投入。对于一些位置好、硬件基础好的地块或者物业，公开交易可以让厂商去竞争，有利于提高租金。但是对于一般的没那么大吸引力的物业，公开交易可能没那么好的效果（访谈资料，LBH20180411）。

第四章　农村集体收益分配中的干部
报酬及其行政监管

　　集体资产收益分配是集体经济发展过程中的焦点问题，也是关系到集体经济组织成员能否公平受益的重要机制，正在有序推进的集体资产股份合作制改革最重要目标之一就是规范集体资产收益分配，最大程度维护集体经济组织成员的合法权益。本部分关注的是集体资产收益分配中的特殊项目——集体经济组织干部报酬，主要通过描述桃源街道村级集体经济组织即经济联社干部薪酬分配的具体过程，审视基层政府在这一过程中的角色定位与行为倾向，从收益权的维度分析集体产权运行的行政约束。

一　农村集体收益分配的双重逻辑

　　作为一种仅面向集体成员的排他性行动，农村集体收益分配隐含着两种不同的实践逻辑。第一，针对一般集体成员，集体收益分配遵循公平逻辑，以实现"人人有份"的分配正义为目标。划定集体成员的范围因而成为落实公平逻辑的关键环节，设置集体成员资格的认定标准并付诸实施则是划定集体成员范围的主要方式。第二，针对做出额外贡献的特定集体成员，集体收益分配遵循效率逻辑，注重强化增量激励，给予相应的增量分配份额。相关实践突出了付出与回报对等的原则，反映了农村集体收益分配的另一重逻辑——效率逻辑。

　　针对不同类别的集体成员，农村集体收益分配实践沿着公平和效率两种不同逻辑展开。其中，效率逻辑主导下的分配实践，尤其是乡村干部报酬管理，是行政权力深度介入的主要领域。

在以公平逻辑为基础的集体收益分配实践中，各级政府参与其中的意愿并不强烈。长期以来，对于"谁应该分得集体收益"这一问题，不同社会群体给出的答案不尽相同。原因在于界定集体成员资格存在多种不同的规则，包括户籍制度、血缘关系、居住关系等。这些规则代表着不同的"合法性声称来源"（张静，2003），可供持有不同立场的行动者从中选择。差异化的选择，彰显了不同群体对公平内涵的不同理解。然而，依据不同规则划定的集体成员的范围经常是不同的，由此衍生了不少争议性问题。在这种背景下，地方政府很难确立被普遍认可的主导性权威规则，强行应用某一规则反而会激化矛盾。比如，大量外嫁女纠纷经常因无法进入法律渠道而被行政体制吸纳（桂华，2017）。但是，基层政府以"同籍同权"为原则支持外嫁女获得股份分红，却引发了很多农村集体经济组织的强烈抗议（柏兰芝，2013）。可见，公平逻辑在主观上存在很大的建构空间，在实践中缺乏一以贯之的稳定规则。

相比之下，对于效率逻辑主导下的集体收益分配实践，行政权力介入其中的意愿更为积极。造成这一行动倾向的原因在于，执行效率逻辑的具体实践所遵循的规则相对单一，某种意义上可理解为"多劳多得"。这种单一规则强调付出和回报的对等性，为行政权力介入创造了有利条件。第一，这一规则符合国家现行分配制度的基本导向，强化了政府介入的合法性和正当性；第二，这一规则在集体成员中的接受度更高，减少了政府在操作层面加以落实的阻力。

在执行效率逻辑的集体收益分配项目中，乡村干部报酬是各级政府主动介入的重点领域。这一倾向与乡村基层治理结构紧密相关。在"乡政村治"的基层行政体制下，乡村干部掌握了农村集体政治权力资源，这是联结国家与农村集体的关键节点（仝志辉、贺雪峰，2002）。针对干部实施有效激励、给予与贡献相匹配的合理回报，是保证政策执行绩效的重要基础。在农村集体经济相对发达的地区，来自集体收益的集体干部报酬已经成为基层政府用以达成自身政策目标的重要激励机制。

基于以上讨论可知：一方面，效率逻辑及其实践规则为行政权力介入农村集体收益分配提供了有利条件；另一方面，基层社会治理结构又要求各级政府对乡村干部报酬这一重要分配项目给予特别关注。因此，乡村干部报酬同时契合了集体收益分配的效率逻辑和"乡政村治"体制下的激励需求，自然成为行政力量介入集体收益分配的主要领域。图4-1展示了农村集体收益分配的行政嵌入路径。

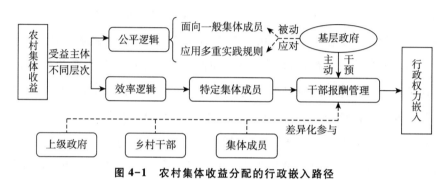

图4-1　农村集体收益分配的行政嵌入路径

二　农村基层自治组织的干部报酬

（一）村干部薪酬

村干部是学界通用的指代农村基层组织负责人的综合性概念，最主要的构成主体是村"两委"即党组织和村委会的成员。对于村干部因工作所得的收入，研究者经常用不同的概念加以指代，如补贴、报酬、工资、薪酬等，这些概念的核心指向基本一致，本研究统一使用干部薪酬这一名称。

长期以来，相关法律法规对落实村干部薪酬都做出了规定。1988年开始实施的《中华人民共和国村民委员会组织法》规定，村民委员会成员不脱离生产，根据情况，可以给予适当补贴。后来形势发生变化，越来越多的村委会成员不再直接从事农业生产活动，2010年和2018年修订的《中华人民共和国村民委员会组织法》都删除了这一表述，但是仍然规定，本村享受误工补贴的人员及补贴标准，经村民会议讨论决定方可办理。2018年最新出台的《中国共产党农村基层组织工作条例》规定，各级党委应当健全以财政投入为主的稳定的村级组织运转经费保障制度，建立正常增长机制。落实村干部基本报酬，发放人数和标准应当依据有关规定、从实际出发合理确定，保障正常离任村干部生活补贴。上述法律法规明确了村干部获得薪酬的合法性，却没有严格限定报酬的来源渠道。在政策上，农村集体经济收入和政府财政收入都可以成为村干部薪酬的来源，这一相对模糊的规定给予了地方政府在筹措资金上的自主空间。

已有关于村干部薪酬的研究大致可归纳为以下两个方向。

第一个方向是把村干部薪酬作为自变量，考察其对村干部工作积极性和行为倾向的影响。有学者认为，提高村干部工资报酬待遇及兑现率能有效提高工作积极性和工作满意度，降低工作难度评价（宁泽逵，2006；王征兵等，2009），这一激励因素在相对落后的地区效果更好（郭斌等，2010）。但是也有学者持有不同观点，认为由于村干部处于不完全契约的委托-代理关系当中，作为直接报酬的工资收入的激励作用是十分微弱的，而上级支持、村规民约等间接激励所带来的满足感远超直接激励（余秀江，2007）。另外，不少学者发现薪酬待遇不仅影响村干部的工作积极性，而且还会影响村干部在多重代理人角色中的选择倾向，薪酬水平的高低、发放主体的不同等都对村干部选择充当国家代理人还是村庄保护人具有显著的影响（裴志军，2011；陈东华等，2008；杜园园，2015）。

第二个方向是把村干部薪酬作为职业化的重要内容，在此基础上讨论村干部职业化对村民自治的影响，将其置于自治与行政的关系框架内加以考察。一些学者把政府支付村干部薪酬作为村干部"公职化"的关键指标，发现这种导向会对村干部的角色行为产生明显影响，但是并没有对现有的乡-村关系造成实质性改变，也没有导致"行政消解自治"的困境（李勇华，2011；李勇华、汪燕青，2011；黄佳鹏，2018）。更多的延伸性研究只是把村干部薪酬作为村干部职业化发展的一般构成要素，在国家与社会关系框架下讨论村干部职业化的生成逻辑、现实困境、后续影响等主题。此类研究不约而同地以东部沿海发达地区农村的具体实践为经验基础，强调村干部职业化需要具备的现实条件和可能存在的推广风险（印子，2017；李永萍，2017；高万芹，2019；史明萍，2019），并将其与城镇化发展、城乡一体化进程等宏观趋势联系起来（王扩建，2017；杜姣，

2018）。

上述两种研究方向的共同点是以村干部薪酬为切入口，审视更加宏大的理论主题如激励理论、科层化理论、国家与社会关系理论及其应用，而没有对薪酬分配本身做过多的关注。实际上，关于村干部薪酬分配本身的基础性内容也需要更加细致的澄清，比如，村干部的界定范围，是村级干部还是社级干部；村干部薪酬的来源渠道，是政府财政还是集体收入；村干部薪酬的发放权，是属于基层政府还是全体村民；村干部的薪酬水平高低如何确定；等等。对于这些基础性内容的清晰把握，是形成和深化相关理论对话的重要前提，有学者已经在这方面进行了梳理（陈永刚，2010）。

（二）集体经济组织干部薪酬

在过去很长一段时期，对于以传统农业为主要收入来源的村庄来说，村干部薪酬都是以补贴的形式存在的，通过"村提留"的方式从农民手中直接收取。但是，在农村税费改革和农业税取消之后，这种补贴转而由基层政府以财政支付的方式完成，并且长期维持在较低水平，这是当前大部分农村地区的普遍做法。相比之下，在集体经济发达、已经实行股份合作制的集体经济组织中，干部薪酬制度更加复杂，也更为重要，在实践中需要考虑和协调的因素也更多。一方面，发达的集体经济为集体收入和地方财政收入的增加奠定了坚实基础，从而使集体经济组织干部薪酬有了物质保障。另一方面，集体经济发达地区通常会产生大量公共事务，需要专职化的基层干部予以应对，相应的薪酬自然是需要重点考虑的激励措施。

集体经济组织干部薪酬通常源自集体资产收益，在集体资产收益理论上属于全体成员所有这一约束条件下，如何保证干部薪酬分配公平合理是一个需要仔细斟酌的问题。以往研究者面对集体资产收益分配这一主题时，关注的分配对象主要是集体经济组织一般成员，讨论的焦点问题主要是成员资格的认定，本质上是确定集体收益分配的人群边界。在相关文献中，既有基于具体实践对集体经济组织成员资格认定不同标准的归纳（马翠萍、邵亮亮，2019），也有对集体经济组织成员资格认定的立法原则和司法实践的探讨（戴威，2016；江晓华，2017；韩俊英，2018；高飞，

2019），普遍认为成员资格认定标准应该走向法定化，以化解国家立法滞后于社会实践的矛盾。相比之下，学术界对集体经济组织干部这一特殊群体的薪酬分配问题关注还不够。集体经济组织一般成员凭借户籍、身份等外在条件获得集体收益分配，集体经济组织干部则通过"准职业"方式凭借工作业绩获得薪酬。从获得收益的方式上看，前者体现的是"公平"原则，后者体现的是"效率"原则。当然，集体经济组织干部本身一般也是集体成员。

在上述村干部薪酬第二个研究方向的文献中，一些学者初步涉及集体经济发达地区的村干部薪酬问题。李永萍（2017）以上海远郊某村为案例，发现村干部的工资主要从集体收入中开支，但是要经过乡镇政府考核体系评定后确定分配结果；史明萍（2019）以苏州为案例，发现村集体资产已由街道统一代为经营管理，村干部工资由原本的村集体经济支付变成了由街道财政支付。上述两项研究只是把村干部薪酬作为村干部职业化的构成要素之一，探讨的仍然是科层化管理与村民自治的关系，没有从集体经济发展和集体产权运行的角度审视村干部薪酬问题。

有学者把村干部的收入分成三个不同部分：一是因担任村干部所获取的合法报酬；二是利用职务便利获取的非法收入即"灰色"收入；三是从事与村干部角色无关的生产经营活动所获取的正当收入（王征兵，2004）。集体经济组织干部薪酬当然属于具有激励作用的合法报酬，但是利用职务便利获取的非法收入往往受到更大关注，集中表现为对"村官贪腐"现象的相关研究较多（周庆智，2015；马华、苏芳，2017；万银锋，2015）。在集体经济发达的珠三角地区，集体经济组织干部腐败现象频发，"小官巨贪"现象尤为突出。但是从集体经济组织董事会和党委会班子成员的数量来看，涉及贪腐的成员毕竟是少数。针对大部分以村务管理为主业且遵纪守法的集体经济组织干部，需要促进科学合理的薪酬管理更好地发挥正向激励的作用，不断压缩贪腐现象产生的空间。良好的薪酬管理制度和实践有赖于科学合理的设计和完善的外部监督体系。

需要注意的是，以往研究大都使用"村干部"来概指农村基层组织负责人，但是，对于集体经济发达、已经实行股份合作制改革和"村改居"改制地区，更为严谨的说法应该是"集体经济组织干部"而不是"村干部"。

（三）基层政府的特定角色

研究者经常把村干部的角色置于"国家-社会"二元框架下，在国家代理人与村庄代理人所形成的连续谱当中提炼相应的理想型概念，比如，"保护型经纪和赢利型经纪"（杜赞奇，2008），国家代理人和村庄当家人的"双重角色"（徐勇，1997），村干部角色与行为的"双重边缘化"（吴毅，2002），等等。这些概念对于深刻认识村干部这一群体及其行为模式具有启发意义。更进一步地，影响村干部角色定位和行为倾向的各类因素也成为研究者关注的问题，干部薪酬就是一类需要重点考察的因素。对于传统农业型村庄来说，财政资金向村干部群体投入的政策和实践越来越普遍，很多研究者担心产生的一种风险是，这种财政支付的趋势会强化基层政府的行政控制和村干部的国家代理人角色，可能造成国家替代集体实行村级治理的结果，最终压缩村民自治的空间。

对于完成股份合作制改革的集体经济组织而言，干部的薪酬通常来自集体收入，并且是以工资报酬而不是务工补贴的形式发放，这种薪酬管理在理论上应该属于基层群众自治范围内的事务。但是，由于大部分集体经济组织成员仅仅是以普通股东的身份存在，对集体经济组织干部薪酬管理没有形成有效的监督，甚至连知情权都没有完全得到保障。在这种情况下，基层政府作为上级指导单位不可避免地要对薪酬管理负有相应的监管责任，很多时候还会直接介入干部薪酬的管理和发放工作。这种介入的主要目的是保证集体收益分配的公正性，防止集体收入沦为村社干部私人操弄甚至据为己有的"黑箱"，保障集体经济组织成员的知情权，避免因缺乏信任而引发举报、上访等影响基层稳定的风险事件。

按照改革预期，集体经济组织理想的发展方向是专注于效益增长的经济实体和市场主体，这在珠三角地区大量集体经济组织被冠以公司、分公司之名并成立董事会、监事会的实践中可以清晰地体现出来。如果集体经济组织成为成熟规范的市场主体，干部事实上充当的是职业经理人角色，相应的薪酬分配应该成为组织内部有制度可依的专业性事务，基层政府也可以从具体事务中抽身出来，而仅仅作为开展原则性指导的外部主体之一。但是从近些年集体经济发展情况看，集体经济组织很难成为真正意义上纯粹的市场主体，而是变成了基于共同财产关系的过渡型、混合型"合作社会综合体"（周锐波、闫小培，2009），内部监督机制不完善不健全，基层政府不得不被动卷入集体经济组织干部薪酬的管理过程，不但要充当科学化薪酬管理制度的制定者、实施者和改革者，而且还要作为村社干部薪酬管理的矛盾化解者和责任承担者，事实上是在弥补集体经济组织本身在内部制度制定或执行中的漏洞。

与传统农业型乡村依靠财政支付干部薪酬不同，集体经济发展为干部薪酬发放提供了另一个稳定的来源，但是在薪酬水平、奖惩措施、发放程序等具体管理内容上并没有统一的标准可以参考，不同地区的集体经济组织都在各自探索符合自身实际的干部薪酬管理方式。基层政府作为不可或缺的监管主体，尽管需要把握公平公正、公开透明等原则性要求，但是在介入薪酬管理的角色定位、行为方式、目标导向等方面都具有一定程度的自由裁量权。从集体资产收益分配的角度看，基层政府的自主行动空间反映了集体产权在收益权上的"不完整性"，对集体产权的建构具有不可避免的影响。全面描述和深入分析行政力量在干部薪酬管理中的介入过程、作用方式和后续效应，对于更好地理解集体产权的运作与建构具有重要意义。基于这一考虑，本书不再把干部薪酬问题局限于国家与社会、行政与自治的关系视野下，而是通过考察基层政府和集体经济组织围绕干部薪酬的互动过程，重点突出集体收益分配和集体产权运行的行政约束，探讨基层政府的角色定位与行为倾向。

三　干部薪酬管理的基本概况

（一）干部队伍构成情况

桃源街道辖内集体经济组织干部主要包括两类：一是经济联社董事会成员和党组织成员，二者实行交叉任职，基本上是同一套人马，数量一般为5人至10人不等；二是合作社的正副社长，一般为1名社长，1名至2

名副社长,有些社长同时也是联社董事会或党支部成员。除了村社两级干部之外,还有大量由集体收入供养的工作人员,包括财务人员、治保会队员、物业管理人员等。除清水联社之外,其他 3 个经济联社集体供养的村社工作人员都超过了 100 人,反映出集体公共事务的繁杂性。其中,财务人员是非常关键的一个群体,联社层面有 2~4 人专门负责财务管理,每个合作社都需要有人承担会计和出纳工作,有时由社长或副社长兼任;治保会队员是人数最多的一个群体,主要是应对桃源街道辖内流动人口规模大、社会治安防控压力大的客观形势,承担治安巡逻、应急处置等常规性或临时性工作任务。2017 年各经济联社工作人员数量情况如表 4-1 所示。

表 4-1　各经济联社工作人员数量(2017 年)

单位:人

经济联社	"两委"成员	合作社正副社长	治保会队员	其他工作人员	总计
清水	5	14	52	8	79
罗山	8	33	97	31	169
石桥	10	63	71	24	168
高旺	7	24	60	37	128

资料来源:桃源街道办经济科统计数据(2017 年 12 月)。

在以往的研究中,村干部大都被作为一个整体而不加区分地看待,但其内部构成事实上仍然延续了人民公社时期"三级所有、队为基础"的基本层次,生产大队和生产队两级组织都有相应的乡村干部,对于已经完成股份合作制改革的集体经济组织来说也是如此。就桃源街道而言,村社两级的干部虽然都被称为集体经济组织干部,但是经济联社与合作社的干部在管辖范围、职责分工、身份立场等方面都存在不小的差别。目前,各合作社掌握了大部分的集体资产,是最基本的集体资产所有权单位和集体收入核算单位,处于群众工作一线的社长承担了大量的社队事务,是推动集体经济发展的基础性力量。经济联社更多的是作为一个统筹性机构而存在,如果联社干部的个人权威和工作能力不足的话,在与合作社互动中可能处于相对弱势的地位。在集体经济发展过程中,村社两级干部基于各自不同立场,在不少工作事项的应对上存在分歧,在涉及集体收入分配、征地拆迁等重大事项时矛盾更为突出，这种不和谐关系在各经济联社都有所体现，其中尤以高旺经济联社最为突出。

长期以来，高旺经济联社与合作社都未能理顺村社两级集体收入的分配关系，联社在面对大型村级公共事务开支时会不定期从合作社集体收入中提取资金，引发部分合作社干部群众的不满，2014年更是将向合作社提取集体收入的模式制度化地固定下来。与桃源街道其他集体经济组织相比，高旺经济联社在社员福利方面的经费投入规模较大，包括敬老费、医疗补助、丧葬补助、教育补助等不同形式，这些支出保证了集体收入使用的普惠性，同时也造成了经济联社财务支出的持续压力。近年来由于村级集体资产经营状况不佳，加之各项福利开支不断增加，高旺联社提出从2014年开始，每年从各合作社集体收入中抽成30%用于全体社员福利支出及其他支出，这一举措遭到了部分集体收入相对较多的合作社社长的强烈反对，但最终仍在桃源街道办的调解之下得以执行，同时也埋下了影响基层社会稳定的隐患。

因此，村社两级的集体经济组织之间尽管存在上下级隶属关系，但同时也是相对独立的基层自治组织，不同层级的乡村干部基于不同范围的群众授权，在履行职责时并不总能达成共识，这种情况在桃源街道乃至蓝天区是一种普遍现象。从这个角度看，已有研究笼统地把村干部视为村民代理人或村庄保护者，并不能准确反映干部群体承担的角色，实际情况必然更加复杂。在蓝天区，合作社作为最基层独立运营的集体经济组织，与联社的关系更多的是指导与被指导、监督和被监督的松散关系。在涉及重大集体事项的时候，合作社为了局部利益可能成为阻碍集体事项推进的因素，村社两级集体经济组织之间的矛盾因而更加凸显，这种矛盾关系集中表现在村社干部互动过程中。基于这种情况，有街道办为了使集体经济组织贯彻上级政策措施更加顺畅，从合作社干部任免入手推动改革。临近桃源街道的另外一个街道——蓝天区盘龙街就探索了一系列实践，相关经验被南州市主流媒体报道：

盘龙街所辖观云经济联社所在区域是粤港澳大湾区重点项目——

"南州设计之都"所在地，面临着繁重的集体土地征收任务。政府计划征收的核心区的 500 亩土地分属于观云联社下属 7 个合作社，被切割成了多个各自为政的不同片区。由于大型工商业项目需要连片开发，必须取得 7 个合作社一致同意，大大增加了征地拆迁难度。最为关键的是，各合作社社长由社员独立选举产生，导致合作社和联社之间利益难以协调、步调不一致，这成为上级政府政策落实不畅的重要原因。为应对这种行政管理困境，盘龙街从 2016 年起探索实施将合作社的土地、物业、管理、分配四项权力收归经济联社统一支配，形成了所谓的"四统一"治理模式。同时合作社干部的人事任免权也被收归联社，实行了社长任命制：生产社社委会成员及正副社长的选举不直接以票多者得，而是由联社"两委"成员对各社选举产生的股东代表的学历、综合素质、群众基础等核心要素进行考察、评分，最终确定社委会成员及正副社长。①

盘龙街的改革举措改变了原来合作社一级集体经济组织干部选拔模式，把自下而上的自治型选举转变为自上而下的任命制，从而把基层自治原则限定在了村级集体经济组织范围内，让集体经济组织干部群体的同质性更强，这种有利于行政管理事务落实的模式被上级政府认可并有可能继续推广。

（二）干部薪酬管理体制演变

在新禾镇撤镇分街之前，清水等 4 个经济联社就完成了股份合作制改革，相应地，集体经济组织干部薪酬来源也从财政收入转变为集体收入。2002 年 7 月桃源街道办事处成立之后，集体经济组织干部薪酬管理制度逐步完善。按照薪酬管理主体的不同，干部薪酬管理体制可划分为两个阶段。

1. 街管时期

桃源街道办事处成立之后，逐步建立起了关于集体经济组织干部薪酬管理的基本制度，至 2005 年，形成了相对稳定的干部薪酬管理模式，规定

---

① 《南州日报》2019 年 12 月 5 日报道。

经济联社干部薪酬由基本工资和津贴、岗位奖励、单项奖励、效益奖励四部分构成。需要说明的是，桃源街道办干部薪酬制度只针对经济联社董事会和社委会的干部，合作社正副社长及其他联社工作人员薪酬由各联社参照街道办的相关规定自行制定相应管理办法。

　　如表4-2所示，街道办制定的干部薪酬管理办法大致包括三个部分。一是基本工资部分，保障联社干部的基本所得。二是考核上级政府布置的行政任务落实情况，包括岗位奖励和单项奖励，二者有所重合。其中，岗位奖励36个考核项目采取分别赋分的方式，共赋予100个分值，由各街道办相应科室负责打分，按每1分折合100元计算。单项奖励包括若干项内容，每一项设置有上限的固定奖励金额，根据工作实际完成情况发放。单项奖励的项目和金额会随着街道办重点工作的变化而变化。以2012年为例，各单项奖及奖金数额设置情况如下，计生奖20000元/人、综治奖10000元/人、农业奖2000元/人、产值奖3000元/人、安全生产奖5000元/人、消防奖5000元/人、出租屋综合管理奖12000元/人、街道建设统筹费任务奖2000元/人，合计共59000元/人。三是考核推动集体经济发展的情况，根据各经济联社本年收益计算"见利提成奖"，根据本年收益与上年收益的增加值计算"超利提成奖"。在计算时，针对不同收益额或增加值采取不同的比例计算提成资金，额度越大提成比例就越低。

表4-2　经济联社干部薪酬基本构成（街管时期）

构成项目	考核内容或考核方式
基本工资津贴	参照南州市各年度职工平均工资标准确定
岗位奖励	集体收入、治安管理、党风廉政、三防水利、工青妇事业等共计36项
单项奖励	计生、综治、农业、产值、安全生产、消防、出租屋综合管理、街道建设统筹费任务
效益奖励	见利提成奖、超利提成奖

资料来源：《桃源街农村集体经济组织干部报酬管理办法》（2013年1月）。

　　在单项奖励中，有一项比较特殊的考核要求，即"交街统筹费"，是由各经济联社向街道办上缴部分收入以支持街道各项开支，这项费用是街道办自行设置的，并非硬性要求，具有一定的灵活度，有些联社在个别年份并没有上缴，这项考核要求一直到 2013 年才正式取消。

桃源街道办制定和实行的干部薪酬管理办法，强化了集体经济组织干部薪酬管理的规范性和稳定性，我们选取 2012 年各经济联社干部薪酬发放情况做详细展示，具体内容如表 4-3 所示。

表 4-3　各经济联社干部薪酬发放数额（2012 年）

项目	具体内容	经济联社			
		清水	罗山	石桥	高旺
联社干部人数	（人）	6	7	9	6
基本工资津贴	（元）	86400	100800	129600	86400
岗位奖励	评定总分（分）	94.74	97.35	94.68	96.58
	每分价值（元）	100	100	100	100
	每人奖励额（元）	9474	9735	9468	9658
	奖励总计（元）	56844	68145	85212	57948
单项奖励	每人奖励额（元）	54000	54000	54000	54000
	奖励总计（元）	324000	378000	486000	324000
效益奖励	村级见利提成奖（元）	242774	282040	213209	397247
	村级超利提成奖（元）	102932	171160	72071	103297
	社级见利提成奖（元）	133916	288803	139124	252578
	奖励总计（元）	479622	742003	424404	753122
干部薪酬总额	（元）	946866	1288948	1125216	1221470
干部人均薪酬	（元）	157811	184135	125024	203578

资料来源：《桃源街农村集体经济组织干部报酬分配方案》（2013 年 1 月）。

如表 4-3 所示，在各薪酬构成中，基本工资津贴是固定的，岗位奖励和单项奖励尽管都要经过街道办的考核，但是评分差别不大，因此各个联社干部所得也相差无几。效益奖励在干部薪酬中占比最大，而且在不同的年份会有明显变动，同时不同联社之间的差别也比较大。效益奖励包括村级和社级两个层次，在经济联社集体收入中提取见利提成奖和超利提成奖，在合作社集体收入中提取见利提成奖。最终，各联社干部的平均工资大都超过 150000 元，远高于 2012 年南州市统计局公布的城镇非私营单位在岗职工的年度平均工资（63752 元）和城镇私营单位就业人员年度平均工资（33442元）。

2. 区管时期

蓝天区各个街道办在集体经济组织干部薪酬管理方面大都制定了各自的管理办法，在指导原则、实施导向、具体内容等方面不尽相同，容易引起不同集体经济组织之间的横向比较，引发干部和群众提出规范性、公平性等方面的一些疑问。基于这一现实，蓝天区农林局2014年之后就开始考虑从区级层面规范集体经济组织干部薪酬管理工作。2015年3月，农林局下设集体经济组织管理办公室专门向各镇街收集"集体联社干部薪酬指导意见相关材料"，在综合参考相关工作材料的基础上拟定了指导意见的书面文稿，并经过多方多轮征求意见后最终于2017年8月9日形成了《蓝天区街辖经济联社干部报酬指导意见》（蓝委办〔2017〕61号），以蓝天区委办和区府办名义印发至各相关单位。

在《蓝天区街辖经济联社干部报酬指导意见》中，提出了经济联社干部报酬管理的基本原则：

第一，完善保障，有效激励。在保障基本收入的基础上，根据集体经济发展及集体资产运营增值情况建立并完善干部待遇的增长机制。第二，层级管理，合理分配。发挥街道的管理主体作用，街党工委、办事处要切实加强对经济联社干部报酬的管理工作，经济联社要抓好对合作社干部报酬的监督管理，并确保干部报酬与具体经济发展水平和成员收入水平相适应，维持在相对合理的范围内。第三，考核计酬，绩效挂钩。除基本工资与岗位补助外，干部报酬管理实行先考核后计酬，其报酬与各项工作任务完成情况和取得的工作绩效及集体经济发展水平相适应。第四，公开透明，强化监督。干部报酬的管理、计酬、发放、审计等环节公开透明，纳入社务公开和民主管理范畴，接受广大人民群众的监督。

关于经济联社干部薪酬，《蓝天区街辖经济联社干部报酬指导意见》（以下简称《指导意见》）规定由基本工资、岗位补助、绩效考核奖励和经济效益增长奖励四个部分组成（见表4-4），同时明确规定了联社"两委"成员薪酬的计算级差：党组织书记和社长、副书记和副社长、党组织委员和社委委员报酬的计算级差按100%、90%、80%的比例，由街道办确定具体的计酬级差。交叉任职干部不得重复领取报酬，只按任职最高职务计算。同时，指导意见还规定干部薪酬总和的同比增幅不能超过该年度计提经济总收入的增幅，且同比增幅最高不得超过20%。

表4-4 经济联社干部薪酬基本构成（区管时期）

构成项目	具体内容	参考标准或依据
基本工资	实行保底制度，保障基本收入	不低于2000元/月
岗位补助	对从事党务政务等各项工作及产生费用的补贴	1000~3000元/月
绩效考核奖励	依据各项工作任务和责任书完成情况考核奖励	绩效考核项目表
经济效益增长奖励	依据蓝天区集体经济组织"三资"管理平台数据	电子管理平台数据

资料来源：根据《蓝天区街辖经济联社干部报酬指导意见》相关内容整理。

对比表4-2和表4-4的内容可以发现，区管时期的干部报酬指导意见把固定的基本待遇划分成更为细致的基本工资和岗位补助，把由街道办考核的岗位奖励和单项奖励统一为绩效考核奖励。在经济效益增长奖励方面，《指导意见》提出"以集体经济组织经济效益为基础，根据集体经济组织当年可支配纯收益比上一年度可支配纯收益超出部分的一定比例提取构成干部的经济效益增长奖励"，这一规定意味着只能提取"超利提成奖"。但是在后面的分析中发现，街道办并没有完全遵循《指导意见》的规定，而是继续发放了村级集体收入的见利提成奖和超利提成奖以及合作社集体收入的见利提成奖。关于绩效考核奖励的具体项目，《指导意见》提供了党建工作、党风廉政建设、"干净整洁平安有序"建设、征地控违、公共服务与管理、安全生产及质量监督、集体经济组织管理、经济建设及其他考核项目等方面的参考指标。

四　干部薪酬管理的实施过程

从2017年开始，《蓝天区街辖经济联社干部报酬指导意见》成为全区集体经济组织干部薪酬管理的基本依据，各个街道都制定了相应的具体实施办法以指引薪酬管理工作。桃源街道自然也不例外，根据街道辖内集体经济组织实际情况，出台了《桃源街道经济联社干部报酬管理办法暨岗位责任制考核方案》。

（一）确定制度规范

2017 年 12 月，桃源街道办事处参照《蓝天区街辖经济联社干部报酬指导意见》，基于街管时期已有的集体经济组织干部薪酬管理制度，同时结合街道办事处工作需求、集体经济组织发展实际，制定了《桃源街道经济联社干部报酬管理办法暨岗位责任制考核方案》。这一方案成为指引桃源街道集体经济组织薪酬发放的具体指南。按照指导意见要求的"层级管理"，街道办的管理办法只针对经济联社党委和董事会班子成员，也就是俗称的村级"两委"干部，下辖合作社的干部薪酬管理办法由经济联社参照街道办的方案自行制定。

桃源街道制定的干部薪酬管理办法总体上参照了区级指导意见，基本原则保持一致，薪酬构成保持不变，但是在具体内容方面有一些细化甚至变更，以体现街道办本身的工作倾向和管理意图，主要包括以下几个方面：一是缩小班子成员之间的薪酬差距，指导意见规定集体经济组织党组织书记和社长、副书记和副社长、党组织委员和社委会委员薪酬计算的参考级差是 100%、90% 和 80%，街道办将其确定为 100%、95% 和 90%；二是大幅提升基本工资标准，将"每月不低于 2000 元"的指导标准具体设置为"每月 3500 元"，岗位补助确定为 2500 元，接近指导意见规定的上限；三是细化了绩效考核奖励的内容，根据街道办的实际工作要求，把考核内容划分成 10 个类别，同时增加了加减分项目；四是降低了干部薪酬的增幅，把指导意见"同比增幅不得超过 20%"的标准降低为 10%；五是保留了原街管时期村社两级集体收入的见利提成奖和村级集体收入的超利提成奖，不同收益额或增加额的提成比例如表 4-5 所示。

表4-5 经济效益增长奖励基本构成

单位：%

联社见利提成奖		联社超利提成奖		合作社见利提成奖	
本年收益	提成比例	本年收益增加额	提成比例	本年收益合计	提成比例
20万元以下	8	10万元以下	8	200万元以下	1
20万~50万元	6	10万~30万元	7	200万~500万元	0.8
50万~100万元	5	30万~60万元	6	500万~1000万元	0.6
100万~300万元	4	60万~100万元	5	1000万~2000万元	0.5
300万~500万元	3	100万~200万元	4	2000万~4000万元	0.4
500万~700万元	2.5	200万~400万元	3	4000万元以上	0.3
700万~1000万元	2	400万~1000万元	2.5		
1000万~1500万元	1.5	1000万元以上	2		
1500万~2500万元	1				
2500万元以上	0.8				

注：表中"以上"均包含本级，"以下"均不包含本级。

资料来源：根据《桃源街道经济联社干部报酬管理办法暨岗位责任制考核方案》整理。

绩效考核奖励是桃源街道办着力突出的内容，并且直接通过管理办法正式文件名中的"岗位责任制考核方案"体现出来，本质上是把基层政府的行政考核方式延伸到了村级集体经济组织一级。绩效考核指标比较全面地反映了街道办的各项重点工作，包括党务工作，党廉及工青妇工作，综治维稳、司法、劳资纠纷与打假查无工作，土地管理及规范建房，城市综合管理和环境卫生，扶贫帮困，公共服务，三资管理，村务管理和经济建设等十大类别60个项目，同时设置具体指标说明赋分情况。考核总分共设置1500分，考核分数作为岗位绩效考核奖励发放依据，按每分100元计算，每个联社总金额为15万元。由经济联社参照考核评分表先进行自评，然后再由街道办各科室再次考核。

绩效考核指标中设置加减分的项目，主要依据是各级政府工作部门的表彰、通报批评和处罚。其中，受到区委、区政府工作部门表彰的每次加5分；受到市委、市政府工作部门表彰的每次加10分；受到省委、省政府工作部门表彰的每次加15分；受到中央、国务院表彰的每次加20分。所有加分项目需以正式文件为依据。反之，受通报批评或处罚则扣减相应分值。所有加分项目都需要经济联社提交申请加分报告，由相关线口科室负责审核，报街道党工委、办事处审定通过，审定结果交经济科备案；减分项目由经济联社会同相关线口科室做好文件收集审核后，报党工委、办事处审定通过，由经济科、监察室负责监督执行情况。

在绩效考核指标的 10 个类别当中，"三资"管理与集体经济发展的关联度最强，分配的分值是 100 分，包括规章制度落实情况和"三公开"落实情况两项内容，各占 50 分。对于规章制度落实方面，主要扣分项目是：未严格执行会签制度、支付制度和监管制度的，未按规定进行集体资源资产公开交易的，未按时进行"合同清理"工作的，不配合"大额资金预警"工作的，经济合同应备案未备案的，每宗扣 5 分；有人举报或投诉财务管理不规范，经查证属实的每次扣 5 分。在"三公开"落实方面，加减分原则是：按照有关规定，党务、村务、财务公开落实到位的得 25 分，每月能按时将党务、村务、财务公开资料录入农村党风廉政信息公开平台系统进行公开的得 25 分；发现应公开而未公开或公开不规范的每次扣 5 分，公开资料未及时录入市农村党风廉政信息公开平台系统的每次扣 5 分。

总体上看，在蓝天区指导意见出台之后，桃源街道经济联社干部薪酬管理办法与街管时期相比并没有本质的差别。唯一一个比较大的变化就是在薪酬构成上，此前街道办可以相对自主地控制属于绩效考核范围的"单项奖"。尽管新的管理办法更加完备和规范，但是在具体落实上仍然处于不断探索的阶段，不可避免地会遇到各类问题。

（二）落实制度规范

一般而言，桃源街道办在每年农历新年之前 1~2 个月内着手推进上一年度经济联社干部薪酬计算、审核、发放等工作，2017 年是按照区级指导意见开展集体经济组织干部薪酬管理工作的第一年，以全年各经济联社合作社发展情况为依据计算干部薪酬。

按照区级指导意见和桃源街道工作流程，干部薪酬发放流程需经历以下四个环节。

第一，街道办经济科根据上级指导意见和具体要求，负责起草本辖区经济联社干部薪酬管理办法，并附起草说明，之后征求各经济联社、街道办各科室意见建议，同时经街道办驻点律师提出法审意见，汇总意见后修订完成即报请街道党工委、办事处班子会审议通过后印发。

第二，对照薪酬管理办法设定的岗位责任制考核表，对各联社落实上级政府和街道办布置各项工作的情况进行考核，这是薪酬管理工作的重点内容。具体流程设计为：首先由各经济联社"两委"班子自评各项分数并上报，然后街道办各科室在听取年度工作汇报、查阅资料、实地检查的基础上，对照分类考核评分表逐项打分，综合评分后计算绩效考核奖励金额。在这一环节，联社自评分数只是参考，最终考核结果主要以街道办各科室的评分为准。经济联社若对街道办考核评分持有异议，可以提出申诉。

第三，根据蓝天区集体经济组织"三资"管理平台生成的年度数据，计算各个联社经济效益增长奖励，这是干部薪酬中金额占比最大的部分。经济联社与合作社的年度收益由电子化"三资"交易管理平台自动生成后，按照表4-5所示的提成比例计算经济效益增长奖励。干部薪酬数额与"三资"交易管理平台的直接关联，有助于提高各联社对平台信息录入工作的重视程度。

第四，街道办经济科将4个经济联社干部薪酬的构成及数额汇总，形成薪酬计算表并向各联社征求意见，确定分配数额之后，面向联社全体社员公示7个工作日，总体无异议后由街道办出具薪酬发放通知，最后由各联社自行筹资发放。

上述四个环节是集体经济组织干部薪酬发放的一般程序，但是在薪酬管理的实际操作中，街道办事处和各经济联社都存在不少灵活或简化处理的空间。

第一，管理办法承袭旧有规定。尽管2017年底新制定的《桃源街道经济联社干部报酬管理办法暨岗位责任制考核方案》以蓝天区最新出台的指导意见为蓝本，但是其主体内容与街管时期的管理办法并没有本质区别，很多内容甚至直接沿用了原有的制度规范，特别是经济效益增长奖励部分。实际上，在街管时期，集体经济组织干部薪酬管理办法就是参照蓝天区其他不同的街道办和镇政府比较成熟的相关政策的成果，新的管理办法只是做了进一步的调整，很大程度上是"新瓶装旧酒"的效果。

第二，薪酬发放方式相对灵活。按照管理办法的规定，基本工资和岗位补贴可在经济联社将当年发放标准及预算报街道备案后，按月预发，年底结算。但是有些联社并没有严格执行按月发放的要求，而是根据财务状况灵活处理，经常会在年终与绩效考核奖励、经济效益增长奖励一并发放。又如，由于计算干部薪酬的时间点定在每年年底，经过街道办各科室考核、向社员公示、党工委讨论、上报区农林局等一系列程序，耗时较长，经常在农历新年到来时还未能完成全部规定流程。为了保证联社干部及时获得工作报酬，激发履行岗位职责的积极性和主动性，街道党工委、办事处会以书面形式同意各经济联社提前预发部分薪酬的申请，2017年干部薪酬的发放就出现了这种情况，在农历新年之前为每一名干部提前预发了10万元。

第三，绩效考核方式适当简化。按照薪酬管理办法要求，街道办各科室要从材料审核、实地检查、查证记录等方面考察联社工作落实情况，但是在实际操作中主要关注的是各联社落实上级政府工作不到位导致的扣分情况。由于各科室与各联社、合作社日常互动频繁，对于全年重点工作落实不到位的情况比较容易掌握，其中一些扣分项内容已经记录在册，因此在各科室年度总结基础上给各联社进行评分并不复杂。同时考虑到保护集体经济组织干部工作的积极性，扣除的分值一般不会特别高，表4-6反映了2017年各联社干部薪酬绩效考核的扣分情况。最终经过计算，2017年各经济联社干部薪酬发放数额的基本情况如表4-7所示。

表4-6　各联社绩效考核扣分情况（2017年）

单位：分

联社	类别	扣分值	扣分内容
清水 （13）	环卫保洁工作	11	苏庄排渠污染问题被通报
	综治工作	2	

桃源街道集体经济运行经验考察

续表

联社	类别	扣分值	扣分内容
罗山 （41）	党风廉政建设	5	
	环卫保洁工作	11	戒毒所周边环境问题舆情扣分
	土地管理及规范建房	10	洞隐北街4巷1号村民房未批擅自加建
	依法用地和报建	10	
	消防与安全生产工作	2	
	劳资纠纷排查处理	1	迈步皮具公司无力足额支付工资，员工上访
	综治工作	2	
石桥 （59）	党风廉政建设	5	
	环卫保洁工作	11	南州职业技术学院及周边环境问题被通报
	道路交通工作	10	金润北街路口交通事故一次，死亡2人
	土地管理及规范建房	10	
	劳资纠纷排查处理	1	浩盛皮具厂老板无力支付工资，员工上访
	出管工作	8	征收出租屋综合税低于考核指标
	综治工作	2	
	信访工作	12	张洁琼多次到区、市机关越级上访
高旺 （109）	"三资"管理	15	不配合街道审计工作，"三资"交易宗数偏少
	环卫保洁工作	13	新世界小区周边垃圾堆积问题被通报
	土地管理及规范建房	10	松源路建房基础塌陷
	依法用地和报建	10	
	劳资纠纷排查处理	1	美姿服装有限公司老板欠薪逃匿，员工上访
	出管工作	18	征收出租屋综合税低于考核指标
	消防与安全生产工作	2	
	信访工作	30	黄品超、黄勇宏等到京上访
	党风廉政建设	5	
	联社"两委"执行力	5	

资料来源：《2017年桃源街农村集体经济组织干部报酬分配方案》附件。

表4-7 各经济联社干部薪酬发放数额（2017年）

单位：元

项目	清水	罗山	石桥	高旺
基本工资	195300	308700	384300	270900
岗位补助	139500	220500	274500	193500

项目	清水	罗山	石桥	高旺
绩效考核奖励	148700	145900	144100	139100
经济效益增长奖励	462553	983477	635742	1001355
金额合计	946053	1658577	1438642	1604855
人均薪酬	189210	207322	143864	229265

资料来源:《2017 年桃源街农村集体经济组织干部报酬分配方案》。

　　桃源街道集体经济组织干部薪酬管理的实施过程,一定程度上反映出科层制行政考核模式向基层自治组织延伸的趋势,主要表现为绩效考核奖励成为干部薪酬构成内容之一,发放的依据是各个经济联社完成上级政府下达各项任务的优劣情况,特别是围绕各项重点任务而订立的"责任状"履行情况。同时,更反映出基层政府对集体资产收益分配这一集体经济发展重要组成部分的直接干预,这不仅仅体现在经济绩效奖励这一项设置上,还渗透在干部薪酬管理的整个实施过程中。不同于以往已有相关研究大都立足于"村干部公职化"视角考察集体经济组织干部薪酬问题,我们认为,对于集体经济发达的珠三角地区而言,集体经济组织干部薪酬不仅是村级组织科层化的问题,而且是涉及集体资产收益分配、集体经济发展质量的问题。因此,从集体资产收益分配的角度,审视基层政府介入基层自治组织干部薪酬管理的实践行动及其逻辑就显得至关重要,对于更好地理解集体经济发展具有特殊意义,这是本章所关心的核心问题,也是以往研究较少关注的内容。

五　干部薪酬管理的行政约束及其导向

　　在南州市蓝天区,基层政府往往既是集体经济组织干部薪酬管理的外部监督主体,同时也是直接参与主体,特别是镇政府和街道办事处,在薪酬水平、奖惩机制、责任追究等方面都有相当程度的控制权。在干部薪酬管理的具体实施过程中,基层政府将自身特定行为倾向融入正式制度和规范流程,同时自主运用权宜性操作方法,事实上实现了对集体资产收益分配的有效干预。

（一）"就地取材"：作为行政资源的集体收入

从 20 世纪 90 年代开始，农村集体经济组织的财务管理工作越来越多地由乡镇政府代为管理，形成了所谓的"村财乡管"模式（周珩，2017；徐增阳、郑迎春，2001）。在这种模式下，乡镇政府通过严格控制村级财务收支的审批权、直接审查资金使用账目明细、集中统一管理财会工作人员等方式，实现了对农村集体财务管理工作的全面掌控。"村财乡管"的大范围实施，是对长期以来村级财务管理混乱的现实状况的直接反应，首要目标是保证集体收入的规范化使用，防止侵害集体利益的贪腐现象产生，采取的方式是对农村集体收支进行微观的过程监管，但一般并不代为决定集体收入的使用领域、使用方式等具体业务。由于"村财乡管"模式意味着国家权力向农村基层自治空间的进一步延伸，被一些学者认为一定程度上侵蚀了基层民主制度，因此一直存在着不小的争议。

村庄财权上移的趋势在集体经济发达的农村地区同样存在，个别地区不仅对村庄财务管理实行严格的外部监管，而且对农村集体资产进行直接经营，由"村财乡管"变成了"村财乡用"。以苏州为例，从 2013 年起，苏州逐步通过向村庄派驻专职报账员监督账务、统一注销各村独立银行账户、集体经济组织法人公章和财务公章全部上交街道集体资产管理办公室等一系列举措，最终推动乡村财政彻底实现了收支两条线，集体经济组织变成了纯粹的预算单位（史明萍，2019）。2015 年，苏州更是实行了村集体资产由街道统一代为经营管理的模式，街道以每年 10% 的利息支付给各村作为分红资金，干部工资、公共建设、社区物业等也都由街道办公共财政承担。这种对资产实行从经营维护到收益分配的全流程接管，意味着农村集体产权事实上已经"国有化"了。

相比之下，在珠三角集体经济发达地区，"村财乡管"模式的应用范围和应用程度都十分有限，大量集体经济组织对自身财务管理工作一直拥有较强的自主性，基层政府没有形成直接和全面监管的格局，更多的是采用委托第三方定期审计的方式予以规范。在 2013 年桃源街道办取消了此前向各个经济联社征收用于支付部分日常行政开支的"街统筹费"之后，基层政府针对集体资产收益唯一直接管理的专项重点工作，就是集体经济组织的干部薪酬。以干部薪酬管理为手段，桃源街道办对作为主要"村财"的集体资产收益的分配过程进行了策略性调节。从基层行政的角度看，以干部薪酬管理介入集体资产收益分配过程，不仅是为了保证集体收入分配的规范性，更重要的是试图利用集体资产收益提升行政管理效能、维护基层社会秩序，推动集体收入发挥出除增进成员物质福利之外的其他功能，特别是辅助行政管理的作用。

自集体经济发展壮大以来，桃源街道集体经济组织干部薪酬长期以集体收入作为直接来源，这也是珠三角地区的常规做法。与传统农业型乡村干部薪酬主要依赖财政补贴相比，以集体资产收益负担干部薪酬更加符合基层自治组织自我管理、自我服务的制度设计初衷，有利于强化集体经济组织的自主性、调动基层村社干部的积极性。但是，干部薪酬来源于集体经济组织内部收益，并不能完全屏蔽来自基层政府固有的外部行政干预，而是为基层政府主动调节集体资产收益分配提供了依据和契机。目前，涉及"关键少数"的干部薪酬成为桃源街道办对集体资产收益分配施加影响的主要方式，对村级干部薪酬的管理既强化制度化管理的导向和策略性调控的思路，同时也灵活应用微观操作方法，力图最大程度发挥集体收入作为一种行政资源的作用，而不是仅仅满足社员分红需求。

对于桃源街道办来说，集体经济组织干部薪酬管理工作提供了介入集体收益分配过程的合法性，也提供了灵活利用集体收益强化上级政策导向的便利性，成为提高基层行政约束力的重要抓手。与苏州市基层政府对集体资产推行全面"国有化"相比，桃源街道办并不直接参与集体资产的经营过程，仅就集体收益分配环节加以调节，这既有利于降低政府行政管理风险，也有利于保证集体经济组织的自主性。这是一种"就地取材"的"无本生意"，旨在推动集体收益发挥更多预期功能。正如桃源街道地区村规民约默认的，如果社员一旦出现吸毒、违反计生政策等一票否决行为，则直接取消或减少个人分红，这就是集体收益约束社员行为的功能。同样地，桃源街道办试图利用来自集体收入的干部薪酬约束集体经济组织中的"关键少数"，保证上级政府各项工作任务得到更好的落实。

（二）"借花献佛"：强化集体收入的激励作用

来自集体收入、由行政力量主导管理的干部薪酬，是基层政府推动集体收入转化为行政资源的关键变量，也是激励村社干部更好充当国家代理人角色、完成上级行政管理事项的重要手段。作为基层自治单位，基层政府与集体经济组织干部并没有严格的行政隶属关系，但是在城市化快速推进过程中，需要集体经济组织支持和配合的工作越来越多。因此，村社干部薪酬管理就成了基层政府"借花献佛"的过程——打造以集体收入支付干部薪酬的特定形式，依托物质激励建立起基层政府与集体经济组织干部之间更加紧密的联系。

在薪酬基本构成项目之外增加奖励发放名目是桃源街道办强化激励的重要手段。在区级指导意见出台之前，桃源街道办将村社干部薪酬构成设置为基本工资津贴、岗位奖励、单项奖励和效益奖励四项内容。其中，岗位奖励和单项奖励都是考核上级政府布置的行政任务落实情况之后的奖励，二者在内容上尽管有所重叠，但是在街管时期都保留了下来。对此，桃源街道办经济科原科长、现计生工作负责人表示：

> 以前区里对联社干部工资这一块没有具体的指导意见，都是下面各个街道自己把握，也都是互相借鉴。岗位奖励就是对日常工作的考核，一般没有什么重大工作失误，各个联社都能拿到95%以上，但是这一部分的金额不能设置太高，因为既然是针对岗位的考核，那就是应该做好的本职工作，难度也不大。为了提高干部工作积极性，我们在岗位奖励之外设了专项奖励的项目，考察各联社在重点工作上的成绩，包括综治、计生、消防、安全生产等，这部分金额比岗位奖励要高不少，就是想促进联社强力抓好这些重点工作，保证不能出现大问题（访谈资料，HCQ20180313）。

2017年区级指导意见出台之后，尽管原来的岗位奖励变成了以固定金额形式存在的岗位补助，但是街道办对岗位补助设定的金额为每月2500

元，接近指导意见规定的 3000 元上限，远高于原来岗位奖励的金额水平。街管时期的岗位奖励总额为每人每年最高 10000 元，而区管时期的岗位补助每人最高为 30000 元，联社一般"两委"委员也达到 27000 元。

除了薪酬管理办法规定的内容之外，桃源街道办还会根据不同时期合作社的重点任务完成情况，适时以绩效形式发放奖励。比如，2017 年就有一次针对上一年度重点工作的专门奖励，街道办专门以正式文件形式予以确认：

> 2016 年，在各经济联社的主动作为、积极进取以及与街道的共同努力下，经济持续发展，环境面貌明显改善，民生事业不断提升，重点项目顺利推进，特别是开展"干净、整洁、平安、有序"工作成效显著。根据市、区关于进一步加强村社工作绩效和干部报酬指导意见等文件精神，结合我街相关工作目标管理责任制《责任书》拟定，经研究，同意你经济联社按每人 3 万～6 万元标准核发 2016 年度干部绩效奖励。请根据各项工作落实情况召开董事会研究核发，资金由各联社自筹解决。①

在强化正向激励的同时，桃源街道办对涉及薪酬扣减的事项十分谨慎，特别是在扣除绩效考核奖励方面更是如此，如表 4-6 所示，只有在环境保护、劳资纠纷、交通运输、集体用地等敏感领域发生严重事故并被上级政府通报时，才会"不得已而为之"扣除相应分值，而且分值并不高。以 2017 年的绩效考核奖励为例，相对于全部的 15 万元的绩效考核奖励，清水、罗山、石桥、高旺 4 个联社扣除的分值分别是 13 分、41 分、59 分、109 分，对应的金额是 1300 元、4100 元、5900 元、10900 元，平摊到联社"两委"干部身上并不明显。

即使面对个别联社工作不力、配合度低的情况，桃源街道办也并不轻易使用扣除绩效奖励的方式加以惩治。在 2018 年 9 月蓝天区统一派驻第一

---

① 桃源街道办经济科下发通知，2017 年 6 月 6 日。

书记之前，高旺经济联社对街道办布置的各项任务很少能够充分落实，大量工作长期处于"半瘫痪"状态，但是街道办联社干部在薪酬发放方面一直没有采取相应的惩罚措施。直到2017年8月，蓝天区纪委专门下发正式文件，以《纪律检查建议书》的形式，对群众长期反映的违反农村集体"三资"管理规定有关问题提出整改建议，要求桃源街道党工委、办事处严格落实。在纪检监察部门的支持下，桃源街道办正式使用扣发绩效奖励的方式约束干部。《纪律检查建议书》对联社部分干部的处理意见如下：

> 高旺经济联社"三资"管理主体意识淡薄，管理责任不到位，"三资"管理问题突出，民主理财监督没有严格落实到位，领导班子成员不团结，问题整改推诿延迟。建议根据《南州市农村集体"三资"管理责任追究制度》，对现任高旺经济联社党委书记黄来发、原高旺经济联社董事长、现任高旺经济联社党委副书记黄路扬、原高旺经济联社分管副主任、现任高旺经济联社董事长黄树平等三人进行诫勉谈话、通报批评，并扣发2017年度绩效补贴、奖金。①

对干部薪酬中绩效考核奖励的谨慎处置，从侧面反映出桃源街道办事处面对集体经济组织时，不敢得罪联社干部的"弱势地位"。街道办班子成员中的人民武装部原部长对此深有体会：

> 我之前在高旺联社挂职，2017年上半年党工委计划召集联社全体党员开大会，他们书记直接反问我："你说开就开？"很是嚣张。党员大会是街道党工委的决定，还要他一个联社支部书记批准才行？真是笑话。组织部把高旺定位为软弱涣散党组织，是为人民服务、为政府分忧时软弱，一涉及自己的利益，我看他们一点也不软弱，简直是"土皇帝"。不要说我们这些街道办副职，就连之前区委办的副主任下来检查，人家一样也是一副漫不经心的态度（访谈资料，ZDW20200403）。

---

① 资料来自中共蓝天区纪委文件，蓝纪建字〔2017〕8号。

桃源街道办在集体经济组织干部薪酬管理上的"弱势地位",可能也与薪酬来源于集体收入有关。部分村社干部认为,集体经济组织长期承担了大量行政工作,政府理应给予一定的补贴,而不是全部利用集体收入予以补偿。街道办在没有负担任何支出的情况下不当干涉干部薪酬发放,可能造成"名不正言不顺"的风险,而且必然打击基层干部的工作积极性。因此,尽管区级指导意见出台后从宏观层面严格规范干部薪酬管理工作,但是桃源街道办推进工作仍然延续着此前干部薪酬管理的基本思路,没有对一直沿用下来的干部薪酬管理体制和分配格局做出大幅调整。

(三)"量体裁衣":保持干部薪酬的稳定增长

从 2005 年开始,桃源街道集体经济组织就已经形成了由基本工资(含岗位补贴)、绩效考核奖励和经济效益增长奖励三个项目组成的干部薪酬体系,这一体系从街管时期一直沿用到区管时期。在干部薪酬管理中,无论是规章层面的总体把控,还是微观层面的细节操作,桃源街道办都力求保持薪酬体系的完整性和薪酬水平的稳定性,尽可能持续性地发挥集体收入的激励效用。

对于集体经济组织干部薪酬水平,桃源街道办一直有一个不成文的规定,即控制在本村村民可支配收入的 5 倍以内。但是"本村村民可支配收入"并不是统计各联社全体社员的收入水平之后得到的准确数据,而是以《南州市国民经济和社会发展统计公报》公布的城市常住居民人均可支配收入为依据。从近年来各联社发放的干部年度平均薪酬来看,一般不会超过这一标准。以 2017 年为例,南州市全年城市居民人均可支配收入为 55400 元,由表4-7可知,4 个经济联社干部薪酬都没有超出既定范围。同时,街道办对于干部薪酬的年增长率也有内控要求,一般不会超过 8% 的增幅。

从历年集体经济组织干部薪酬发放额度来看,无论各联社集体经济发展状况如何,每一年的薪酬水平都比上一年度有所增长,从来没有发生过薪酬水平明显降低的现象。长期保持薪酬水平稳中有升的趋势,是桃源街道办干部薪酬管理的重要原则。对于这种现象,经济科科长表示:

区里对干部薪酬管理的指导意见，第一个原则就是完善保障、有效激励，要求完善干部待遇的增长机制。我们理解，还是要以正面激励为主。如果联社干部薪酬不稳定，有些年份下降幅度比较大，他们可能会反应比较激烈，可能会打击工作的积极性。比如，2015年街道党工委计划调整薪酬管理办法，想把单项奖的额度降低1/3，也就是两万元左右，在征求意见阶段几个联社直接就呈文到街道办提意见了，表示不太能接受。由于反对意见比较激烈，后来管理办法也就没有做调整。没办法，我们还是要和联社干部搞好关系，这是我们开展工作的基本前提条件。所以，理论上每年的干部薪酬应该是反映联社工作成绩的一个结果，实际上我个人觉得主要反映的是不同联社集体收入水平的差别，绩效考核结果对于薪酬的总体水平没什么明显的影响（访谈资料，HZB20180122）。

在干部薪酬体系的构成项目中，基本工资和岗位补贴的额度相对稳定，需要维持在一定范围之内；经济效益增长奖励依据的是每一年的集体收入及其增长的情况，在2013年蓝天区建立了集体经济组织"三资"管理网上平台之后，经济效益增长奖励全部基于平台生成的数据而计算得出，进一步压缩了人为操纵的空间；绩效考核奖励理论上是街道办事处能够自主掌控的薪酬项目，但正如前文所述，以业绩考核结果为依据扣减薪酬的力度十分有限。在这种情况下，如果每一年都严格按照固定的规章制度来实施干部薪酬管理工作，很难保证薪酬持续增长的稳定性。因此，桃源街道办采取了"量体裁衣"的方式，即先按照已有的薪酬管理方案计算薪酬数额，再根据计算结果调整具体薪酬项目的标准，最后形成符合薪酬增长预期的新的薪酬管理办法。因此，桃源街道辖经济联社干部薪酬管理办法的时效性很强，更新频率很高，2017年底最新制定的管理办法就专门注明了"试行两年"的条款。

无论是在街管时期还是在区管时期，桃源街道办经济科每年会按照薪酬体系各构成项目的已有标准，计算各个经济联社干部人均薪酬额度。与前一年度的对应数据相比，计算结果经常会出现比较大的起伏，无法保证干部薪酬保持在预定的范围内,即同时满足"城市常住居民人均可支配收入的5倍以内"和"年均增幅在8%以内"两项条件。在这种情况下,经济科会对薪酬各构成项目进行微观调节以保证其稳定性,具体方式有调整基本工资、岗位补贴、绩效考核奖励额度,重设绩效考核奖励每一个分值所对应的金额,增加额外单项奖励,等等。此外,街道办还突破了区级指导意见的经济效益增长奖励方面的规定,设定了基于村社两级集体收入的见利提成奖,进一步丰富了干部薪酬的调节手段。总体上看,集体经济组织干部薪酬管理是一个适时调整薪酬构成项目的内容和标准,进而更新薪酬管理办法的动态过程。

对于集体经济组织干部薪酬体系的微观调整和管理办法的频繁更新,桃源街道办经济科科长表示:

> 我们对联社干部工资还是要有一个基本的把控,就算是正式的管理办法,那也是为保持薪酬稳定性来服务的,管理办法不能成为制造矛盾的源头,还是要保持稳定。另外,我们也向农林局反映过,经济效益增长奖励只设一个超利提成奖不合理,集体收入不可能每年都有增长,这是脱离实际的。没有增长,就说明村干部工作不力吗?也不见得。集体收入增长有时候受经济形势的影响比较大。以前在没有网上"三资"管理平台的时候,都是联社自己上报财务数据,有些联社为了获得超利提成奖,甚至都有造假的情况,就是把上一年收益做低、本年收益做高的情况,我们也不可能实时监督,都是他们报上来的。所以我们建议实事求是,还是要有见利提成奖(访谈资料,HZB20180122)。

(四)"避实就虚":弱化集体成员的参与程度

集体成员普遍参与自治性公共事务,是法定的集体经济组织运行原则,也是体现集体经济组织实行民主管理的重要内容。《中华人民共和国村民委员会组织法》规定了一系列涉及村民利益、需经村民会议讨论决定方可办理的事项，其中就包括本村享受误工补贴的人员及补贴标准、从村集体经济所得收益的使用。以此为参照，作为集体收入重要支出项目的干部薪酬，理应成为集体经济组织成员付诸民主讨论的重要事项。但是，在桃源街道集体经济组织干部薪酬管理中，我们发现，作为集体成员的各个经济联社股东的知情权、参与权、表达权和监督权都没有得到充分落实，这不仅是因为社员股东缺乏主动参与集体公共事务管理的意愿，更重要的是基层政府以各种方式主动压缩集体成员民主参与的空间。

第一，普通集体成员被动缺席。就政策制定而言，《蓝天区街辖经济联社干部报酬指导意见》作为自上而下发布的规范性文件，主要是基于各个镇街历史实践经验总结形成，并没有充分体现广大集体成员的意志。而桃源街道办在制定街辖经济联社干部薪酬管理办法时，也只是面向各个联社"两委"成员征求意见，并没有扩展到全体社员。就政策执行而言，区级指导意见明确要求干部薪酬管理各环节公开透明，纳入社务公开和民主管理范畴，接受群众监督。街道办管理办法也做出相应规定：经街道办审查通过后的薪酬方案，各个经济联社需召开股东代表大会进行民主表决，表决通过无异议后才能发放报酬。但是在具体落实过程中，街道办采取了灵活变通的做法，避免因民主表决不达标导致薪酬管理工作阻塞，进而影响集体经济组织正常运行。

在街管时期，桃源街道办对集体经济组织干部薪酬管理具有绝对主导权，对于薪酬发放之前的民主表决要求并不严格。为了顺利发放薪酬，不少年份各个经济联社都直接省去了民主表决环节，街道办对此采取的是默认的态度，并未进行特殊的惩戒性处理。2016年桃源街道办经济科向街道党工委呈递了一份书面报告，从联社干部的角度解释了未进行民主表决的原因：

> 按照规定，民主表决是干部薪酬发放之前的必要程序，但是各个联社在实际操作中有时并没有严格履行该程序。为此，经济科与各经济联社进行商讨，但未能达成共识。联社方面认为股东代表不能充分了解"两委"干部的管理责任，以股东代表会议的形式通过干部的报

酬方案，可能很难形成统一的意见，很容易伤害到联社"两委"干部切身利益，不利于调动"两委"干部的工作积极性，也不利于自治工作的开展。[①]

2017年区级指导意见出台后，针对干部薪酬方案的民主表决程序得到了更加严格的执行，仍然采取股东代表大会的形式。按照《广东省农村集体资产管理条例》和《广东省农村集体经济组织管理规定》（粤府令第109号），集体经济组织成员代表会议应当有本组织2/3以上的成员代表参加，所作决议决定应该经到会代表2/3以上通过。为了确保薪酬管理方案和发放标准依然能够得以顺利通过，桃源街道各联社在股东代表的构成和人员选择上提前布局。综合各经济联社的章程，股东代表的产生方式可以是民主选举或者直接委任，并没有严格的规范要求和统一的程序。按照惯例，各个联社股东代表由所辖合作社依据所分配的名额，采取委任的方式加以确定，人数通常是2~3名。2018年以来，股东代表主要由各合作社正副社长、社委会成员、财会工作人员等"相对可靠"的人来担任，干部薪酬普通集体成员事实上被排除在干部薪酬管理工作之外。

第二，薪酬信息公开有所保留。从2016年起，蓝天区进一步强化了村级财务公开制度及其落实，对原有的党务村务公开栏在形式设计和内容呈现上进行了全面的规范化改造，形成了具有示范性意义的"蓝天模板"，干部薪酬信息公开自然被纳入其中。但是，桃源街道办和各经济联社对于薪酬信息的公开内容是有选择性的，对公开方式也有特殊考虑。

一方面，信息公开内容并不全面。在街管时期，单项奖励这一项内容并不列入公示表中。在区管时期，临时性的专项奖励不会反映在公示表中。对于网上公开的内容，各联社则更加谨慎。2018年3月，蓝天区村务公开工作领导小组办公室（设在区农林局）印发了《白云区利用微信公众号加强村务公开工作的实施方案》的通知，要求以各经济联社为设立主体开通村务公开微信公众号。2019年以来，桃源街道各经济联社村务公开公

[①]　来自桃源街道办经济科呈送的报告。

桃源街道集体经济运行经验考察

众号内容逐步完善，在党务社务财务"三公开"栏目中，对联社供养的全部工作人员的薪酬状况进行了信息公开。但是涉及"两委"干部只是公示基本工资和岗位补贴两部分，并没有显示经济效益增长奖励和绩效考核奖励，而后者恰恰占据了干部薪酬的大部分比重。另一方面，信息公开方式有所侧重。传统形式的公开栏是桃源街道办主要强调和倚重的信息公开方式，这既是推进"蓝天模板"工作的要求，也是街道办基于减少集体成员对公开信息的敏感度而做出的理性选择。因为实体性的公开栏本身受众有限，很难引起广泛关注，大部分社员群众并不经常去现场进行专门的实地查看。

第三，群众反馈意见分散处置。按照《桃源街道经济联社干部报酬管理办法暨岗位绩效制考核方案》，经街道办审核、股东代表大会表决通过的经济联社干部报酬方案，要在"蓝天模板"公示 7 天，在公示期内无 1/10 以上有选举权的社员有异议的情况下才能发放。如前文所述，这种现场的公示可能无法吸引足够多社员的专门关注。更重要的是，"1/10 以上有选举权的社员有异议"这一规定对集体成员的诉求表达提出了数量上的要求，意味着个别或少量股东的反对意见并不能影响干部薪酬的正常发放，街道办和经济联社可以采取"各个击破"的方式回应质疑。

通过上述举措，集体成员很大程度上被排除在集体经济组织干部薪酬管理领域之外，并没有形成实质性的参与。在这种情况下，基层政府与经济联社干部可以说是形成了"攻守同盟"，所以街道办武装部长才有感而发：

都说我们要为人民群众服务，最后不知不觉变成了为人民群众当中的精英服务。无论集体经济如何，只要有收入，村干部就有见利提成奖，旱涝保收。他们可能会因为上级任务完成不好被扣点绩效奖励，但是一般不会因为集体经济搞得不好被扣钱。现在集体经济就是出租土地、出租物业，没有什么技术含量。如果集体收入减少了，一句"经济形势不好"就可以打发了，不是村干部没有好好干活，是大环境不行。而且集体收入、干部收入不能跟着减少太多，经济效益增长奖励不够，有时候甚至还用绩效考核奖励来平衡。就这样，有些村干部可能根本看不上这点小钱，比如清水联社的个别干部，年入 2000 万元，你给他 20 万元的工资他能看得上吗？工资才有多大的约束力啊（访谈资料，ZDW20200410）。

当然，对于绝大部分的经济联社干部来说，一定水平的薪酬待遇是保持工作动力的重要前提。以薪酬为纽带，桃源街道办和经济联社某种意义上形成了"准共同体"。相对于传统农业型乡村干部单向承担基层政府代理人的角色，在集体经济比较发达的"准城市化"地区，基层政府出于完成行政任务的目标，可能会成为集体经济组织干部利益的维护者甚至代言人，形成"双向代理"的格局。这种倾向从经济科科长的访谈中可以窥见：

> 罗山的书记已经被抓了，闹得很大。从案情来看，当然是作恶多端，我们也没有了解全部情况，也很难去了解。但是在他当一把手期间，对街道的工作配合度反而是几个联社里最高的。从这个角度看，我们希望各个联社都能有这样的态度，不要都像高旺一样置之不理，连做样子都懒得做了。如果"两委"干部都能尽力去做事，我们还是会给他们相称的待遇，毕竟群众工作也确实不好做（访谈资料，HZB20200410）。

第五章 农村集体经济运行中的民主化机制及其行政逻辑

在农村集体经济活跃地区，集体成员以制度化形式参与集体资产经营管理各环节的相关实践常常被称为"民主化管理"。这种民主化管理既是落实宪法和法律规定的"集体经济组织实行民主管理"的一般要求，同时也是基层群众自治制度在农村集体经济运行中的具体表现。在珠三角地区，无论是农村集体资产的使用、交易，还是农村集体收益的分配，保证集体成员各种形式的普遍参与始终是基层政府密切关注的行政目标。这一政策导向体现了农村集体经济发展的特定要求，也有助于保障农村集体经济的平稳运行。本部分关注基层政府主导下的民主化机制的具体实践，考察农村集体成员的参与过程及其实际效果，探讨行政力量的行为倾向和内在逻辑。

一 农村基层民主化管理的现实意义与政策导向

(一) 农村集体经济与基层民主制度

基层民主制度主要是指基层群众自治制度，这是我国基本政治制度之一。基层群众自治制度一般是指城乡居民依托经过选举产生的城市居民委员会和农村村民委员会，直接行使民主选举、民主决策、民主管理和民主监督等权利，实行自我管理、自我教育、自我服务的具体制度及其实践。从理论上看，基层民主与基层自治相辅相成：基层民主是实现基层自治的主要方式，基层自治则是基层民主的基本目标。目前，《中华人民共和国城市居民委员会组织法》和《中华人民共和国村民委员会组织法》是直接保障基层群众自治的正式法律，对城乡基层民主实践进行了明确而详细的规定。与城市地区相比，农村基层民主和群众自治实践内容更加丰富，也是研究者重点关注的焦点议题。

长期以来，在正式法律的保障下，农村居民依托村民委员会、村民大会或村民代表会议等实行民主自治已经积累了丰富的实践经验。与此同时，作为农村合作社发展中的重要主体，农村集体经济组织的民主实践却一直没有得到应有的重视，同时也缺乏完备而权威的法律依据。其原因在于，作为民主载体的公共管理机构——村委会和作为经济载体的集体经济运营组织——村级集体经济组织在很多地区是混合在一起的（徐增阳、杨翠萍，2010），出现了组织同构和职能重合的现象（石磊，2013）。事实上在实践中，独立运作的农村集体经济组织的设置并不普遍，其基层民主实践的相关法律也相对滞后。在一些农村集体经济相对发达的地区，村民委员会和农村集体经济组织才在组织层面实现了分离，后者进而获得了地方性法规或政府规章对民主化机制的具体规范。比如，2020年8月，黑龙江省专门出台了国内首部关于农村集体经济组织的综合性地方法规——《黑龙江省农村集体经济组织条例》；上海市、江苏省、浙江省、广东省人大颁布了《农村集体资产管理条例》。

农村集体经济发展对于基层民主实践具有特殊意义。一方面，在集体经济快速发展地区，集体资产的增加催生了对民主化机制更加迫切的需求。农村集体资产的控制和分配已经成为基层民主的核心主题（徐增阳、杨翠萍，2010），集体资产治理好坏直接决定村民自治的成败（李勇华，2016）。民主化管理不仅有利于保护农民合法权益，防止内部少数人控制和外部资本侵占，也有利于提升集体经济效益乃至基层社会治理绩效。因此，有学者专门提出了"民主管理型"集体经济的概念，强调民主化机制对于壮大集体经济、增进农民福祉的重要作用（张欢，2019）。另一方面，集体经济发展能够为基层自治和民主实践奠定物质基础。在改革开放之后的农村经济改革过程中，大量村庄的集体经济走向衰落，无力为村民自治提供有力的财政支撑，导致村民自治在发展过程中遭遇了民主管理变形、自我教育无力、自我服务缺位等一系列问题（方丽华、卢福营，2012）。

农村集体经济是村民自治的重要基础,有利于改变村级组织治理弱化的现状,增强治理主体的治理能力(丁波,2020)。因此,推动农村集体经济发展,建构有效的村民自治财政支持机制,成为农村基层群众自治制度落实的重要条件。

在农村集体经济相对发达的地区,民主化管理已经成为独立建制的农村集体经济组织的重要运行机制,但是仍然具有很大的优化提升空间。总体上看,民主化机制的成效更多地体现在民主监督层面,广泛的社会监督有效提升了政务公开和村务公开水平,提高了基层治理的透明性。目前存在的问题在于,农村村民在参与民主管理、民主决策过程的普遍性和有效性仍有待加强,这导致基层群众自治呈现出高透明性与低民主性并存的权力运行格局(蒋红军、张东,2020)。与此同时,推行民主化机制也可能带来另一个问题——集体统筹权力的式微,这主要是因为集体资产使用、交易的同意权由村集体"统一性同意权"转变为村民的"分离性同意权",集体收益分配主导权由"专断型分配权"转变为"民主型分配权"。由此引致集体土地所有权的实现形式虚化、公有属性的集体经济逐步私有化、内生性村级治理资源不断消解的现实困境(孙敏,2018)。

(二)民主化管理实践的政策导向

在农村集体经济相对发达的地区,地方性法规或政府规章为集体经济组织的民主管理实践提供了详细具体的实践指引,落实并拓展了国家宪法关于"集体经济组织有独立进行经济活动的自主权、实行民主管理"的原则性规定。在法制保障的基础上,各级政府对农村集体经济运行中的民主管理也更加重视,不断优化民主化机制的制度环境,完善民主化机制的运作规则。民主化机制之所以得到各级政府越来越高的关注度,主要是出于以下三个方面的原因。

第一,保护农村集体成员的合法权益,防止少数人专权和外部干预。2016年发布的《中共中央 国务院关于稳步推进农村集体产权制度改革的意见》,将保障农民各项权利作为改革必须坚持的重要原则,要求坚持农民权利不受损,不能把农民的财产权利改虚了、改少了、改没了,特别要防止内部少数人控制和外部资本侵占。同时，还强调要尊重农民群众意愿。发挥农民主体作用，支持农民创新创造，把选择权交给农民，保障农民知情权、参与权、表达权、监督权，真正让农民成为改革的参与者和受益者。这一改革方向本质上是着力突出农村集体经济发展中农民的主体地位，特别是保护集体成员的合法权益。而这一目标的达成很大程度上有赖于民主化机制的有效落实，以吸纳农民制度化参与农村集体经济运行的过程。

第二，强化依法行政的原则，保证各级政府行为的合法性和权威性。在农村集体经济快速发展地区，各级政府特别是基层政府与农村集体的互动频率越来越高。这是因为农村集体经济发展涉及的内容越来越复杂，如集体资产经营、集体收益分配等，集体经济的平稳运行需要各级政府特别是基层政府深度参与和规范引导才能实现。由于农村集体经济组织的法律定位是基层自治组织而非行政系统的固定组成部分，基层政府规范集体经济运行必须以村民普遍参与的民主化过程为必要条件。这既是尊重农村集体经济组织自治地位的需要，也是各级政府依法行政的重要前提。事实上，强化农村集体经济运行中的民主化机制，不但能够体现依法行政的政策要求，而且还能与农村集体共同分担政策执行过程中的相关责任。与此同时，在集体经济发展之外，落实涉及农村集体利益的其他各类行政任务时，如征地拆迁、城市更新等，民主化程序也被基层政府置于十分重要地位。当然，吸纳集体成员普遍参与的严格民主化程序可能降低政策执行效率。

第三，提高农村集体及其成员的谈判能力，约束基层政府行为。按照行政层次和级别，政府系统可划分为中央政府、地方政府和基层政府三个层级，相对于中央政府，地方政府包括省、市两级，县（区）、乡（镇）两级则是直接与农村集体发生各种关系的基层政府。在传统中国社会，农村基层一直保持着自治的传统，即所谓的"皇权不下县"。但是，只有当国家行政力量参与进来之后，尤其是相关的制度安排体现在法律法规上的时候，农民自治才算步入正轨。有学者认为，中央政府大力推进村民自治的政策措施，某种意义上改变了村民与基层政府的谈判能力。从实践的结果来看，国家积极推进村民自治实际上是与农户组成了一个联盟，以对抗基层乡镇县级政府侵犯农村集体产权（吕之望，2004），从而保障集体经济发展中的"集体"属性。

综上所述,保证民主化机制贯穿于农村集体经济组织运行过程,日益成为各级政府重要的行政目标和政治任务,对于珠三角地区许多已经改制并独立运作的农村集体经济组织来说更是如此。近年来,南州市蓝天区将民主化机制置于集体经济运行的重要地位,不断丰富民主化机制的具体内容,力求推动基层民主管理实践创新,并展现出了基层政府的特定行为倾向。

二 行政主导的民主化管理及其具体实践

在农村集体经济运行过程中,各类民主管理实践一般由各级政府做出规范性的政策指引、农村集体负责具体实施。上级政府制定保障集体成员普遍参与的基本框架,强化关键制度的有效落实并将其作为必须严格执行的"规定动作"。在此基础上,基层政府会对落实上级政府的相关规定进行延伸性解释并提出实施意见。另外,基层政府还经常设置"自选动作",拓展民主管理的创新性实践。

(一)保障集体成员普遍参与的基本制度

1. 民主议事载体

目前,针对农村集体经济运作中的民主化机制,相关的重要法规主要包括两项:一是 2006 年公布、2013 年修订的地方性政府规章——《广东省农村集体经济组织管理规定》(粤府令第 109 号),二是 1996 年出台、2016 年修订的地方性法规——《广东省农村集体资产管理条例》。上述两部法规对农村集体经济运行中的民主化机制做出了清晰的界定,其中前者的规定更为全面和具体,是目前农村集体经济组织运行主要参考的指导性文件。

在《广东省农村集体经济组织管理规定》中,相关条文明确了独立运作的各类农村集体经济组织是主要的服务管理对象,即由原人民公社、生产大队、生产队建制经过改革、改造、改组形成的合作经济组织,包括经济联合总社、经济联社、合作社和股份合作经济联合总社、股份合作经济联社、股份合作社等。与一般行政村的村民委员会类似,上述管理规定针对农村集体经济组织也设置了相应的民主载体，即所谓的"三会"：成员大会和成员代表会议、理事会（社委会）、监事会（民主理财监督小组）。

第一，关于成员大会与成员代表会议。农村集体经济组织的最高权力机构是成员大会。凡涉及成员切身利益的重大事项，必须提交成员大会讨论决定。农村集体经济组织对具体事项的表决，可以通过召开成员代表会议的形式进行。成员代表会议表决通过的事项应当公示5天。1/10以上有选举权的成员提出异议的事项，应当提交成员大会重新表决。成员大会或者成员代表会议实行"一人一票制"或者"一户一票制"等表决方式。第二，关于理事会和监事会。农村集体经济组织设立3~7人的理事会或者社委会和3~5人的监事会或者民主理财监督小组。每届任期3年，可连选连任，但不得交叉任职。集体经济组织有选举权的成员的1/5以上或者1/3以上的户的代表联名，可以要求罢免不称职的社委会或者理事会、民主理财监督小组或者监事会成员；社委会或者理事会应当在收到罢免议案60天内组织召开成员大会或者成员代表会议进行表决。

关于"三会"的产生和表决规则具体为：农村集体经济组织成员大会，应当有本组织具有选举权的成员的半数以上参加，或者有本组织2/3以上的户的代表参加，所作决定应当经到会人员的半数以上通过；农村集体经济组织召开成员代表会议，应当有本组织2/3以上的成员代表参加，所作决定应当经到会代表2/3以上通过；理事会或者社委会、监事会或者民主理财监督小组的组成人员，由本集体经济组织成员大会或者成员代表会议选举产生，并选出社长和副社长、理事长和副理事长、组长和副组长、监事长和副监事长。"三会"产生方式、人员构成、表决规则等如表5-1所示。

表5-1　"三会"人员构成、产生方式与表决规则

机构	产生方式	人员构成	表决规则
成员大会	具有选举权的集体成员均有资格参加成员大会	本集体经济组织具有选举权的成员的半数以上，或者有本组织2/3以上的户的代表	实行一人一票制或者一户一票制，所作决定应当经到会人员的半数以上通过

续表

机构	产生方式	人员构成	表决规则
成员代表会议	通过民主方式选出不低于本组织成员总人数的 3% 且不少于 15 人的成员代表	本集体经济组织 2/3 以上的成员代表	实行一人一票制或者一户一票制，所作决定应当经到会代表 2/3 以上通过
理事会	由成员大会或者成员代表会议选举产生，并选出社长和副社长、理事长和副理事长、组长和副组长、监事长和副监事长	3 人至 7 人，每届任期 3 年至 6 年，可连选连任，但不得交叉任职	一人一票，民主商议
监事会		3 人至 5 人，每届任期 3 年至 6 年，可连选连任，但不得交叉任职	

资料来源：《广东省农村集体经济组织管理规定》《广东省农村集体资产管理条例》。

成员大会、成员代表会议、理事会、监事会作为面向不同层次的民主议事机构，形成了相对明确的任务分工：成员大会决定农村集体经济组织运行中的重大事项，可以直接决定由成员代表会议决定的事项，也可以授权成员代表会议决定部分重要事项；成员代表会议主要负责决定农村集体经济组织各类经营管理的各类事项；理事会对成员大会或成员代表会议负责，主要负责落实集体经济运行中的日常管理事务；监事会主要是对理事会日常执行工作、集体经济运行过程进行监督，向成员大会或成员代表会议提出意见或建议，并向各级政府报告理事会及其成员的违法行为。成员大会和成员代表会议的主要职能如表 5-2 所示。

如表 5-2 所示，成员大会和成员代表会议在职能划分上各有侧重：成员大会主要决定涉及集体成员利益的重大事项，为集体经济发展确立基本前提，较少涉及集体资产经营的具体过程；成员代表会议则关注集体经济运行过程中的重要具体事项，包括财务收支、集体资产经营、集体收益分配等。在成员大会和成员代表会议形成决定的基础上，理事会负责执行相关决定，同时也负责执行集体资产管理的规章制度、集体资产经营管理的具体工作等。

2. 民主议事规则

为进一步明确农村集体经济组织的民主决策议事规则，落实上级政策法规的要求，2018 年 3 月 16 日，南州市蓝天区农林局和民政局联合印发了《蓝天区村社民主决策议事规则指导意见》（以下简称《指导意见》）。

表 5-2 成员大会和成员代表会议的主要职能

机构	项目	具体内容
成员大会	组织建设	制定、修改农村集体经济组织章程
		农村集体经济组织的合并、分立、解散
	集体资产配置	土地承包方案、集体资产产权量化折股及股权配置方案
		集体土地征收征用补偿费等费用的分配方案
	大宗产权实践	重大的集体资产产权变更
		较大数额的举债或者担保
成员代表会议	财务收支	年度财务收支预决算方案以及计划外较大的财务开支
	集体资产经营	经济项目投资、公益项目投资
		集体资产经营目标、经营方式和经营方案
		建设用地使用权的流转
	集体收益分配	年度集体资产收益分配方案以及预留公益金、公积金

资料来源：《广东省农村集体资产管理条例》。

《指导意见》对本行政区域内的村（行政村、自然村）和区两级农村集体经济组织的民主议事规则分别做了详细规定。其中，区民政局负责指导全区村民自治组织民主决策、民主管理和民主监督工作，区农林局负责对全区集体经济组织的经营管理进行指导、监督和服务。

按照《指导意见》的规定，无论是行政村、自然村还是集体经济组织，民主决策议事制度的通行原则都是：一般事项由村社党组织和村社委员会领导班子集体商议决定，重大事项由村社成员或者村社成员代表民主讨论决定。《指导意见》确定的重大事项须报镇街审查备案，主要包括以下事项：村规民约及组织章程的制定、修改，经济和社会发展年度计划，集体收益分配方案，征地补偿款的使用，村社干部薪酬标准，重大经济活动、重大工程项目合同签订等涉及村社及成员切身利益的有关事项。值得注意的是，《指导意见》中"重大事项由村社成员或者村社成员代表民主讨论决定"的表述相对模糊，并没有特别明确地区分哪些事项由成员大会决定，哪些事项由成员代表会议决定。这一倾向与地方性法规的要求并不完全一致，成员代表会议事实上被赋予了更加重要的职能。成员大会或成员代表会议的议事流程如图 5-1 所示。

1.形成议题	由"两委"联席会议商议提出并征求意见，镇街审查通过后提交会议审议
2.会前公示	将会议议题和方案通过公开栏、微信平台等方式公示5天
3.议事表决	核对人数，汇报议题，发表意见，签名表决，投票结果当场公布
4.会议记录	设立会议登记册，会议情况记录在案，镇街工作人员在场见证
5.决定公示	镇街审查后3个工作日内通过公开栏、微信平台等方式公示5天

图 5-1　成员大会、成员代表会议议事程序

说明：根据《蓝天区村的社民主决策议事规则指导意见》整理。

除了重大事项之外，《指导意见》还规定了成员大会和成员代表会议对其他事项负有决定权。与省级地方性法规或政府规章的规定内容相比，需要成员大会和成员代表会议决定的事项有所增加。在成员大会的职能方面，《指导意见》增加了四项内容：审议决定国家法律、法规、规章、政策未明确的情况特殊的公民是否具备本组织成员的资格；宅基地分配；审议村社委员会、监事会的计划及工作报告，评议村社委员会成员的工作；审议成员大会授权事项完成情况的报告，撤销或者变更代表会议或者村社委员会不适当的决定。这些事项是蓝天区根据自身发展实际而做出的调整，体现出蓝天区农村集体经济发展中的难点问题，如农村集体成员资格的确定、宅基地分配等问题，长期都没有得到彻底解决，在基层社会积累了大量矛盾。

在成员代表会议的职能方面，《指导意见》同样也增加了四项内容：审议和修改村社村规民约、组织章程之外的各项规章制度；审议决定集体工程建设项目招投标管理；经成员大会授权审议村社委员会的年度工作报告，评议村社委员会的成员工作，撤销或变更村社委员会不适当的决定；经成员大会提议审议决定村社委员会、民主理财监督小组成员的薪酬及本社其他经营管理人员、经济实体负责人的人选、任期、资格和薪酬，其他雇用人员的人数及薪酬。蓝天区的《指导意见》扩展了农村集体经济组织成员大会和成员代表会议的职能范围，主要目的在于强化集体经济运行的集体决策机制，扩大集体成员民主参与事项的范围。

　　需要说明的是,《蓝天区村社民主决策议事规则指导意见》对成员代表会议中成员代表的构成提出了要求,规定集体经济组织成员代表会议由社委会(理事会)成员、民主理财监督小组(监事会)成员和成员代表组成,成员代表会议中成员代表应当占成员代表会议组成人员的4/5以上。此外,与省级地方性法规或政府规章有所不同的是,《指导意见》在会员大会和会员代表会议之外,还专门强调了"两委"联席会议这一民主议事形式,即村社党组织和村社委员会联合召开的会议。这一规定在社委会或者理事会之外增加了基层党组织的话语权,突出了"党的领导"的重要地位。同时,规定"两委"联席会议至少每月召开一次,实行"一人一票制",所做决定须经会议全体成员过半数通过。

　　在强化落实民主议事的基本原则的同时,《蓝天区村社民主决策议事规则指导意见》还为民主决策议事设置了底线,规定了若干不可提交民主决策议事的事项,如表5-3所示。划定不可提交民主决策议事的事项范围,意味着基层民主决策议事并非没有边界,而是"有条件的"。其目的在于防止农村集体经济组织以民主决策为工具达到不正当的目的,如侵害集体利益、抵制地方区域发展规划等。

表5-3　不可提交民主决策议事的事项

主要依据	具体内容
法治原则	违反法律法规,以及国家有关政策、规章制度规定的
集体利益	损害村社及其成员利益的
	违反规定发放村社干部福利(各种补贴、津贴、奖金等)的
行政优先	违反地区发展战略或区域发展规划的
	存在故意或者变相不配合政府工作的
程序正义	未完成重大事项民主决策前置程序的
	应报镇街审核、审查的事项而未报的
兜底条款	其他不可提交民主决策议事的事项

资料来源:《蓝天区村社民主决策议事规则指导意见》。

(二)落实集体民主决策议事的实际效果

　　农村集体经济组织民主决策议事的过程,主要是在镇政府或街道办事处的指导和要求下完成。《蓝天区村社民主决策议事规则指导意见》印发之后，桃源街道办也制定了相应的指导意见，主体内容与区级指导意见一致，但是增加了"集体经济组织重大事项审查备案的规范指引"作为附件，并制定了各类重大事项的相应的审查表。从桃源街道辖内各集体经济组织的具体实践来看，由于农村集体的客观条件限制，以及基层政府片面追求完整民主程序的倾向，落实民主决策议事的实际效果并未完全达到预期。

1. 组织成员大会的层级相对较低

在各类民主议事载体中，与社委会、民主理财监督小组相比，成员大会和成员代表会议能够更加普遍地吸纳一般集体成员参与其中，因而能够更加充分体现出集体意志。但是成员大会和成员代表会议之间有着明显的区别，不同层级的集体经济组织在选择时有所侧重，成员大会的组织召开往往落在合作社，而不是村级单位——经济联社。

在桃源街道，我们发现在经济联社层面的民主议事机构是成员代表会议，这一实践倾向在各个经济联社的章程中也得到了确认。罗山经济联社章程规定，"村股份联社设立股东代表大会，行使审查、通过和修改联社章程，选举产生理事会、负责审查批准理事会报告和日常重要事项等职权"。其他3个经济联社同样也在章程中加入了类似规定。至于成员代表，一般由各合作社的成员担任。清水经济联社章程规定，"代表大会的人员由经济合作股份分社按分配名额选举或委任产生"。石桥联社章程则规定，"成员代表由各合作社（子公司）召开成员大会选举产生，每合作社（子公司）选2~3人"。

由此可见，对于经济联社来说，成员代表会议已经取代成员大会而成为事实上的最高权力机构，拥有对重大事项的决定权，成员大会则主要是在合作社层面召开。造成这一局面的客观原因在于，桃源街道辖内各个经济联社的户籍人口数量都比较多，召开成员大会所需的条件很多时候无法满足，包括会议场地、参会人数要求等。在4个经济联社中，户籍人口最少的是清水联社，数量也超过了3600人，其中具有选举权的集体成员接近2/3。对于户籍人口数量最多的石桥联社来说，以超过8000人的人口规模为基础来召开成员大会，难度更大。在这种情况下，依靠成员代表会议成为各个经济联社的理性选择。同时，合作社在召开成员大会时，更多的是选择"本组织2/3以上的户的代表参加"，而不是选择"本组织具有选举权的成员的半数以上参加"。这一选择同样也是为了压缩会议的规模，降低召开会议的成本。更加常见的情况是，合作社也以成员代表会议为主要民主议事载体。

2. 成员代表会议的运作不够规范

成员代表会议是村社两级集体经济组织最为倚重的民主议事载体，也是基层政府推进基层民主管理最为高效的手段。正如前文所述，尽管省级政策法规对成员大会和成员代表会议的职能分工做出了清晰的规定，但是基层政府却对此做了模糊处理，意在更多地利用成员代表会议来体现民主管理。但是从桃源街道的实践来看，成员代表会议的规范性仍有待提升，与地方性法规、上级政府政策的要求尚存在一定距离。

第一，成员代表的产生方式不够规范和统一。作为地方性法规的《广东省农村集体资产管理条例》明确要求，各个集体经济组织要在章程中列明成员代表产生办法；南州市人民政府2014年印发的《关于规范农村集体经济组织管理的若干意见》（南府〔2014〕34号）也规定，成员代表由成员直接选举产生。但是，蓝天区、桃源街道两级行政主管部门，却都没有对成员代表的产生提出明确的制度化要求。最终，村级成员代表的产生方式主要由农村集体经济组织章程规定，但是桃源街道一些经济联社在这方面的规定又语焉不详。仅有石桥经济联社在章程中明确规定了成员代表由合作社召开成员大会选举产生，清水经济联社甚至提出了成员代表会议的人员可由经济合作股份分社按分配名额委任产生。而合作社层面的成员代表会议，成员代表的选择可能更加随意。

第二，成员代表人数有时未能按统一的标准来确定。《广东省农村集体资产管理条例》明确规定，成员代表的比例一般不得低于本集体经济组织成员总人数的3%，人数一般不得少于15人。但是，市、区两级政府相关文件对此没有列明上述要求，各个农村集体经济组织则根据实际情况便宜行事，并没有执行统一的标准。另外，《蓝天区村社民主决策议事规则指导意见》还对成员代表会议的构成做了要求，理事会和监事会成员可以参会，但是一般成员代表应当占成员代表会议组成人员的4/5以上。桃源街道辖内不少合作社在召开成员代表会议时有时也没有达到这一要求，而是以社委会、监事会成员为主体。

3. 集体民主表决的过程流于形式

通过民主议事载体进行民主表决是民主决策议事的核心环节，也是上级政府要求"工作留痕"的最重要的要求。目前，民主表决最常见的领域就是集体资产交易领域，相关内容在本研究第三章中已有详细论述。在这一过程中，可以发现民主表决更多的是满足政府强制要求的程序完整性，在整合农村集体成员意见方面很少具有实质性功能。这一倾向主要表现在以下三个方面。

第一，参加成员大会的集体成员代表性不足。在涉及重大集体资产交易项目时，各个合作社都需要召开成员大会，对集体资产交易方案和合同内容进行民主表决。经过长期的观察，我们发现参加成员大会的人员主体构成往往是老人和妇女，青壮年男性所占比例相对较低。更为重要的是，参会人员对集体交易方案和合同样本等民主表决事项的专业性内容并不完全熟悉，会议最重要的目标是完成民主表决的环节，而不是对表决具体内容进行讨论。即便有集体成员对集体资产交易存在异议，其提出意见时往往采取上访、举报等方式，而不会在成员大会上提出。因此，民主表决的形式意义大于实际意义，参会人员的身份并不重要，不会影响民主表决通过的最终目标。从提高民主议事效率的角度来看，老人、妇女等相对赋闲的群体是降低大规模民主议事成本的一种方式，让更多从事家庭劳务或业已退休的集体成员参加成员大会，减少全职工作者的就业损失。

第二，资产交易中缺失的民主表决程序可集中补齐。在2018年5月蓝天区大规模开展集体经济组织合同清理工作之前，桃源街道辖内大量农村集体资产交易流程都不够规范，其中最为突出的问题就是缺乏民主表决程序。对于已经完成集体资产交易，但是不符合民主表决程序要求的既定事实，蓝天区采取的主要补救方式就是对大量集体交易项目重新组织民主表决程序。更为重要的是，以成员大会或成员代表会议的形式保证民主表决顺利通过，是重新组织这一程序必须达到的目标。因此，这种短时间内突击补齐民主表决程序的做法，不太可能给反对意见留有空间，否则会给已经正常开展的经济活动造成负面影响，最终造成集体收益的损失。因此，以"补欠账"的方式完成民主表决，再次反映了这一民主程序的形式化。

第三，推动民主表决顺利通过的外部激励措施较多。为了保证民主表决顺利通过，镇街政府倾向于尽可能协助集体经济组织动员群众参与，比如通过发放误工费的方式吸引集体成员积极参加成员大会。比如，在2017年蓝天区加快推进土地确权工作过程中，最终的确权结果需要所有的户代表签字确认。为了加快工作进度，区级政府专门下拨经费，用于向现场签字确认的户代表每人发放100元的误工补贴。此外，在针对集体资产交易方案进行民主表决时，街道办工作人员必须赴成员大会或成员代表会议现场监督，记录表决情况并拍照存档。这种街道办委派员现场监督的方式，能够促进集体经济组织做好相关准备工作，确保民主表决程序的顺利完成。

（三）强化农村集体信息公开的特色制度

运用"三会"制度保障集体成员的普遍参与，是落实政策法规内容的常规动作。推进相关举措更多的是细化上级政府要求并强化执行的过程，可供基层政府自行发挥的空间相对有限。在"三会"制度之外，蓝天区将推动村务公开作为加强农村基层民主建设的重点领域，力图打造具有示范意义的农村集体经济组织的信息公开模式。2016年9月，中共蓝天区委组织部、蓝天区民政局、蓝天区农林局联合印发了《关于全面推进农村党务村务公开的（蓝天模板）工作的通知》（蓝民〔2016〕315号），拉开了此项工作的序幕。

1. 村务公开的实施背景
实行村务公开制度是《中华人民共和国村民委员会组织法》等法律法规的既有要求，2015年正式实施的修订后的《广东省村务公开条例》，对公开事项、公开频率、公开形式、公开时长等进行了详细说明。在此之前，2005 年广东省还推出了全省村务公开栏统一模板，突出了村务公开的时效性，对公开项目进行了细化分解并制定了专门的公开表格，形成了标准化的村务公开模式。但是长期以来，基层农村集体经济组织的执行效果参差不齐，最终沦为"虎头蛇尾"的结果。蓝天区为加强基层民主建设，回应群众对农村集体公共事务知情权的强烈要求，降低因村务透明度不足而引发集体成员质疑甚至举报上访的潜在风险，近年来全力推进"蓝天模板"的工作，着重规范实体性公开栏的线下展示工作。

2015 年 4 月，蓝天区农林局印发了《关于摸查我区合作社公开栏设置情况的通知》，对全区 1786 个合作社公开栏的现状进行了总体性摸查，为全面提升村务公开水平提供了依据。不同镇街的集体经济组织在公开栏建设和管理上差异明显，甚至同一个镇街下辖的经济联社以及合作社的公开栏使用情况也不尽相同。总体上看，大量合作社的公开栏在硬件支持上已经严重不足。就桃源街道而言，除了高旺经济联社及下属合作社仅需更换模板之外，其余 3 个经济联社及合作社的公开栏大都需要维修甚至重新制作。表 5-4 反映了罗山联社及下属合作社信息公开栏现状。

表 5-4　罗山联社和合作社公开栏设置情况摸查

社名	公开栏现状			规范合作社公开栏方案						
	是否独立公开	公开栏地址	规格（长×宽）（米）	仅需更换模板样式	维修					重新制作及原因
					加建雨棚	更换安装地点	破损或生锈需要翻新	加装或更换玻璃橱窗	其他	成本测算（元）	
联社	是	村委旧址	6×2		√		√	√		5000	
一社	是	本社酒堂	3×2		√		√	√		2500	
三社	是	本社祠堂	3×2		√		√	√		2500	
四社	是	本社祠堂	3×2		√		√	√		2500	
五社	是	本社酒堂	3×2		√		√	√		2500	
六社	是	本社社址	3×2		√		√	√		2500	
七社	是	本社酒堂	3×2		√		√	√		2500	
八社	是	本社酒堂	3×2		√		√	√		6000	

社名	公开栏现状			规范合作社公开栏方案							重新制作及原因
	是否独立公开	公开栏地址	规格（长×宽）（米）	仅需更换模板样式	维修						
					加建雨棚	更换安装地点	破损或生锈需要翻新	加装或更换玻璃橱窗	其他	成本测算（元）	
十社	是	本社酒堂	3×2		√		√	√		2500	
十一社	是	本社酒堂	3×2		√		√	√		2500	
十三社	是	本社祠堂	3×2		√		√	√		2500	
十四社	是	本社酒堂	3×2		√		√	√		2500	

注："联社"指"经济联社"，"一社"指"第一合作社"，余同。

资料来源：桃源街道办经济科统计数据。

如表5-4所示，罗山经济联社及下属各个合作社的村务公开栏现状，大都需要全面维修，而桃源街道辖内许多其他合作社的情况也大致如此。表5-4还反映出，大部分合作社的公开栏都是分散化独立存在的，而不是集中在一起，而且大都设置在祠堂、酒堂等传统公共空间。陈旧、无雨棚、玻璃橱窗损坏是罗山各合作社公开栏普遍存在的问题。硬件设施的陈旧失修必然影响信息公开的质量，因此完善信息公开栏的基础设施成为加强村务公开的第一步。

2. 村务公开的具体要求

2016年9月，在《关于全面推进农村党务村务公开的（蓝天模板）工作的通知》（蓝民〔2016〕315号）发布之后，明确了村务公开的各项要求。

在硬件设施方面，蓝天模板遵循明确而细致的要求。第一，择优选址。公开栏要选择在村的中心地带或人群聚集地建设，易于党员群众查看。如选择在村"两委"办公地点建设的，要设在办公楼外，不能搞封闭式。第二，在材质选取方面，公开栏的建设改造要体现规范、节俭、牢固、实用等原则，建成后有玻璃橱窗和挡雨棚。施工可以用支架式单独设立，也可以依托墙壁设立，可以用不锈钢或铝合金设置，也可以用砖混结构。第三，在版面样式方面，信息公开栏的正式名称、参考尺寸、栏目布局等，都做了统一的规范，并对2015年广东省标准化模板做了调整和优化。

在公开内容和形式方面，蓝天模板需要按照统一的格式展示各类信息，要遵循全面、真实、规范、简明易懂的原则。表5-5直观反映了经济联社社务公开栏的一般样式。公开栏被划分为若干区域，对应的内容填写也都有明确的说明。其中，对于政府拨款、集体"三资"、收支明细、征地情况相关栏目，蓝天模板提供了可直接填充内容的八份表格。

表5-5　经济联社公开栏样式

干部分工	党务公开	社务公开	重大项目民主决策	通告栏	政府拨款	财务监督	
					政府拨款监管台账	①民主理财结果公布表 ②对本合作社集体的财务项目审核的结果	
						监督举报电话	
监事会	集体"三资"		收支明细		征地情况	社员申请建房情况以及街道审核备案结果	
	合同执行	资产交易	财务收支明细	现金、银行存款日记账			
	合同执行情况公开表	民主程序表决公开表、招标公告汇总表、中标公告汇总表	财务收支明细公开表	现金、银行存款日记账	集体土地征占补偿及分配公开表	社员申请建房情况	街道审核备案结果

资料来源：《关于全面推进农村党务村务公开的（蓝天模板）工作的通知》附件。

如表5-5所示，信息公开栏总共划分为15个栏目。其中，干部分工和监事会主要公示村社干部姓名、职务、联系电话；党务公开、社务公开栏目公开主要的日常公共事务，如发展党员对象公示、开展低保社保等工作情况；重大项目民主决策主要公示前文提及的"三会"落实情况；通告栏主要公示干部任免、管理人员聘用等工作情况。另外，政府拨款、合同执行、资产交易、财务收支明细、现金和银行存款日记账都可以通过蓝天区"三资"管理平台自动生成相关内容。财务监督主要公示民主理财结果公布表和对本合作社集体的财务项目审核的结果，社员申请建房情况和街道审核备案结果则根据实际情况予以公示。

蓝天模板各项内容一般以月为周期进行公示，其中给定的八份表格要求对各类事项做出详细的说明，每一份表格都尽可能做了详细的设计和填写说明。比如，财务收支明细公开表，包含了经营收入、政府专项补助款、征占土地补偿款项、其他收入等收入事项，以及管理费支出、福利支出、其他支出等支出事项，具体如表5-6所示。

表5-6　财务收支明细公开

项目	期末数				
资产总数					
其中：货币资金					
收入项目	本月数	累计数	支出项目	本月数	累计数
一、经营收入			一、管理费支出		
厂租			干部支出		
房租			其他管理及固定人员报酬		
地租			办公费		
其他			接待费		
二、政府专项补助款			误工补贴		
三、征占土地补偿款项			交通通信费		
四、其他收入			民主理财费用		
			水电费		
			二、福利支出		
			卫生费		
			治安费		
			计生费		
			集体公益福利支出		
			三、其他支出		
收入合计			支出合计		

资料来源：《关于全面推进农村党务村务公开的（蓝天模板）工作的通知》附件。

3. 村务公开的执行效果

蓝天模板最明显的特征就是要求极为细致和具体，这势必额外增加各个集体经济组织管理人员的工作量。经过蓝天区相关职能部门一段时期的强势推动，蓝天模板取得了一定的效果，同时也存在不少问题。2017年12月，办公室设在蓝天区农林局的蓝天区村务公开和村民自治领导小组办公室公布了 2017 年第三季度党务村（社）务公开督查情况，集中反映了推进村务公开、完善公开栏工作存在的典型问题。

督查报告首先肯定了推进蓝天模板工作取得的成效，主要包括：第一，农村集体"三资"方面的信息公开更加完备。集体"三资"项目内容不公开或者少公开（选择性公开）的问题有所改善；在检查的各个村（社）中，绝大部分村社的合同公开能按照本月正在执行的合同、本月新签订的合同以及 90 天内即将到期的合同情况进行公开。第二，大部分村（社）对群众普遍关心关注事项公开及时具体。比如，位于蓝天区最北部的谭镇竹村详细公布了政府拨款捐款台账、集体土地征占补偿及分配公开表、交纳党费情况报告；新机场高速公路北段工程项目竹村地上附着物设施公示、困难家庭救助金使用公示等均明细到户。

与此同时，推进蓝天模板工作存在的问题主要包括以下方面。第一，村务监督委员会的监督工作落实不到位。村"两委"会议情况监督经常为空白，对财务监督体现得不具体，而且村务监督委员会无印章。第二，合作社社务公开栏建设问题比较突出。工作人员责任心不强，不但公开内容更新不及时，少数合作社社务公开栏目甚至大部分为空白。第三，个别村社干部对党务村务公开栏建设不重视。比如，公开栏仍设置在办公楼内，信息更新严重滞后，党务公开信息极不完整，等等。由此可见，在职能部门全力推进蓝天模板的情况下，农村集体经济组织的落实效果仍然不能令人满意。

桃源街道办辖内集体经济组织在推进蓝天模板工作中也存在上述问题，各个经济联社的工作投入力度和最终完成效果参差不齐，部分村社干部甚至对此项工作有抵触心理，石桥联社"三资"管理员表示：

联社平常的事情本来就很多，现在要求做完了还要专门公示出来，要求又细又严，我觉得有时候有点钻牛角尖了。给人的感觉是事无巨细，只要是公家的事情，都要全部公示。我们联社的财务就那么几个人，还有不少工作人员是老同志，确实精力跟不上。讲实话，没有多少人会认真去看，那我们做的意义在哪里？而且就算是上级政府的文件，也不是全部都要公开的吧？有些也是要申请才能公开或者直接是不公开的。那为什么到了我们各个合作社这里，几乎把家底全部都公示出来？这是我不太理解的地方（访谈资料，GYX20181022）。

上述访谈内容反映了不少村社干部的想法。客观来说，蓝天模板工作开展以来，特别是在后续的检查十分频繁的情况下，农村集体经济组织运作的透明度大大提升，村（社）务公开的水平也得到了大幅提高。但是，信息公开的质量与民主监督的有效性并不完全呈正相关，前者只是为后者提供了必要条件。更为关键的是，此项工作的持续性可能难以长期保证。当上级政府对这项工作的重视程度稍有下降，或者是将工作注意力转移到其他领域，那么蓝天模板的实际效果可能就会大打折扣。因此，如何保证政策执行效果的延续性，才是蓝天模板未来需要关注的重点问题。

三　基层政府推进民主化管理的内在逻辑

推进民主化管理是农村集体经济发展过程中必不可少的重要事项，也是基层政府完善管理体制、展示管理成效的重要一环。在这一过程中，基层政府展示出了不同的行动逻辑。

（一）把握政治方向的逻辑

农村集体所有制是社会主义公有制的重要组成部分，也是社会主义经济制度的基础之一，这是在新中国成立之初就逐步确立起来的农村合作社发展的基本原则。农村集体经济是集体成员利用集体所有的资源要素，通过合作与联合实现共同发展的一种经济形态，是社会主义公有制经济的重要形式。2016年12月印发的《中共中央 国务院关于稳步推进农村集体产权制度改革的意见》指出，形成既体现集体优越性又调动个人积极性的农村集体经济运行新机制，对于坚持中国特色社会主义道路，完善农村基本经营制度，增强集体经济发展活力，引领农民逐步实现共同富裕具有深远历史意义。因此，农村集体产权不仅是事关亿万农民切身利益的经济问题，更是保证社会主义发展方向、体现社会主义制度优越性的政治问题。更进一步地，在农村集体产权各类实践中，民主化管理有利于彰显农村集体产权的共有属性，也有利于支撑集体经济"让广大农民分享改革发展成果"这一目标的实现，因而成为基层政府把握政治方向的重要切入口。

民主化管理之所以被基层政府置于重要地位，不仅源自其能够体现集体经济运行过程的集体属性，而且因为它是基层群众自治制度这一国家基本政治制度在农村集体经济运行中的集中表现。如前文所述，目前基层群众自治制度在农村地区的落实主要体现在行政村或自然村，在独立自主运作的集体经济组织层面尚处于探索阶段，也没有正式法律的规范，因而相关实践具有创新性和示范性。基层政府对这一领域的重点关注，不但有利于维护广大农民合法权益、保障集体经济平稳运行，而且具有产生实际治理绩效的巨大潜力。因此，基层政府在落实上级政策要求的常规动作之外，力图推动相关实践的创新，以丰富基层治理创新的生长点。

对于珠三角地区，大力实行民主化管理是农村集体经济发展和集体产权制度改革的现实需要。在蓝天区及南州市其他行政区，农村集体经济已经全面发展为租赁型经济，集体经济组织也越来越多地走向独立运作的经济实体。集体成员的身份转变为获得分红的"股东"之后，与集体经济运行过程并没有形成更加紧密的关系，反而由于城市化造成的集体成员的职业群体增加、居住地变更等趋势而与集体经济组织更加疏远，产生了更大的距离。更有甚者，越来越多的农村集体成员已经完成外迁，个人工作、居住、生活等都不在原集体经济组织属地，成为"社会股东"。① 在这种客观形势下，集体成员深度参与集体经济运行过程面临着更加严峻的挑战，保障其知情权、监督权等合法权利，避免集体成员沦为"局外人"，必然要求集体经济组织进一步提高民主化管理的水平。

总之，推进和完善民主化管理实践，强化一般集体成员的主体地位，

---

① 桃源街道辖内的农村集体经济组织已经于 2020 年底全部完成了股权固化改革，并修改了组织章程，将股东分为社员股东和社会股东两类。社员股东是指具有本社常住在册户口的股东，享有章程规定的权利和义务。社会股东是指户口不在本社所在地，但因继承、赠与或者法律的规定而成为本社股东的非集体经济组织成员。社会股东只按其所持有的股份份额享受股份分红，不享有章程规定的其他权利，如选举权、被选举权、表决权等。

同时契合了农村集体经济运行的特征和基层群众自治制度的需要：不仅有利于切实维护农民合法权益，而且有助于基本政治制度的落实。因此，对于基层政府来说，推进民主化管理是治理农村集体经济时把握政治方向的实践体现。

（二）强化依法行政的逻辑

针对农村集体经济组织的民主化管理，尽管目前尚无国家层面的正式法律予以规范，但是地方性法规、部门规章、各级政府规范性文件等都有相关规定。比如，前文提及的《广东省农村集体资产管理条例》、《广东省农村集体经济组织管理规定》（粤府令第 109 号）、《南州市人民政府关于规范农村集体经济组织管理的若干意见》（南府〔2014〕34 号）等，都对民主化管理做出了详细的规定。对于基层政府特别是镇一级的行政层级来说，落实上级政策法规的要求是首要的行政任务。由于关于民主化管理的上级硬性规定已经十分具体，基层实践并没有太多可以打折扣的余地。桃源街道印发的各类具体实施意见的内容也反映了这一点，大部分内容复制了上级政策法规的规定。在某些特殊情形下，街道办还根据本地实际，增加了民主化管理的具体内容。比如，2018 年 3 月印发的《蓝天区村社民主决策议事规则指导意见》，规定需要报镇街备案审查的重大事项有六类，桃源街道在制定具体实施意见时，增加了一项"追加接待费"，具体审查内容如下：

①公务接待费指集体经济组织为接待外部人员所花费的各项合理支出。为加强对公务接待费的管理控制，接待费开支入账时，要全部纳入"管理费用——接待费"科目核算。②上年纯收入超过 100 万元的集体经济组织，当年接待费额度要严格控制在上年纯收入 5%~6%；上年纯收入不足 100 万元的集体经济组织，当年接待费不得超过 5 万元。③集体经济组织全年接待费预计超过上述控制标准的，须提出预计超支的额度，填写"街道集体经济组织追加公务接待费审查表"，报街道审查。④街道通过抽查申请单位当年接待费开支的情况，重点

审查集体经济组织接待费超支的必要性、当年收入的趋势和超支额度之间的关系。①

近年来，基层政府依法行政、依规办事的压力越来越大，其中一个重要原因在于上级政府对基层执行政策规定的过程及效果，进行了越来越严格的督查。以蓝天模板为例，自从《关于全面推进农村党务村务公开的（蓝天模板）工作的通知》（蓝民〔2016〕315号）发布之后，围绕这一规范性文件的落实，蓝天区民政局、农林局、区委组织部等部门不定期下沉各个合作社明察暗访，有时甚至联合区纪委监委检查，以加大监督整改力度。桃源街道办经济科一名"三资"管理员对此感慨颇多：

> 蓝天模板是我们近期最重要的工作，因为它的检查最多。各个合作社负责"三资"的就那几个人，还有些半退休状态的，我们恨不得帮他们干了。可惜这不现实，因为我们不可能只有这一项工作。基层就缺实际干活的，现在下来检查的人经常比实际干活的人还多。不光蓝天模板这样，其他工作也差不多。大家开玩笑说，一个人干活，一堆人在后面拿枪指着。而且上面下来检查的人是很细致的，对照文件把小毛病都挑出来，不会考虑客观条件的，那是街道、合作社自己要克服的问题（访谈资料，WDX20180623）。

（三）规避治理责任的逻辑

在属地管理的原则下，"上面千条线、下面一根针"的行政体制导致基层镇街一级行政单位长期承担着超出自身职权范围的巨大压力。更为严重的是，处于国家治理一线的基层镇街往往是承担各种管理责任的兜底性机构，不仅要对偶然性的突发事件如公共安全事件承担连带责任，还会因无法完成上级政府下派的各类任务而承担自上而下的问责压力。后者是基

---

① 资料来自《桃源街集体经济组织民主决策议事规则指导意见》。

层镇街一级政府长期面对的行政约束，但是在绩效管理日益严格和全面从严治党走向纵深的形势下，属地责任带来的压力越来越大。这让镇街行政层级常常无所适从，甚至消极应付，从而引发了一定范围的"不作为"现象。

南州市作为珠三角地区一座超大型城市，近年来在"拆违""治水""散乱污"场所清理等方面工作任务繁重，大量工作已经下沉到基层，由镇或街道办主导。在这一过程中，不少镇街因为未能按时、高质量完成目标而不得不承受上级政府的通报、约谈甚至问责。桃源街道地处蓝天区城乡接合部，区域内基础设施建设相对滞后，城市更新改造、农村集体经济发展、生态环境保护等诸多问题交织在一起，基层合作社会治理压力较大。在推动区域高质量发展过程中，与中心城区不同的是，桃源街道办经常需要面对农村集体土地的征收、集体物业的改造、村民房屋的拆迁等行政任务，这些任务往往需要经过集体成员的民主表决才能加以推进。无论是推进辖内部分经济联社整村改造的城市更新项目，还是地铁站点、优质中学的选址落地，都涉及范围不一的征地拆迁，因而都需要经过相关集体成员的民主表决。

对于桃源街道办来说，完成集体成员的民主表决，可能是推进大型项目过程中最具挑战性的一个环节，但同时也为街道办应对可能出现的工作进度未达预期问题提供了规避责任的理由。也就是说，街道办可以"集体成员未达成共识"为由向上级政府解释项目推进速度慢。由此，以成员表决为代表的民主化管理机制就成为基层政府规避自身责任、减轻行政压力的重要条件。正如街道办分管城市建设工作的副主任所说：

> 我们街道的发展基础比较薄弱，特别是城市环境这一块比较落后。我们也想多引进大项目，比如之前引入南州实验中学，最近在加快推进的罗山、石桥两个联社的整村改造项目，都是好事。但是，有时候走程序是很烦琐的，特别是群众表决不通过，我们肯定不能来硬的，这是不符合法治原则的。如果我们一时冲动，越过或者是忽视这个环节，可能短期内能有不错的效果，但是长远来看还是有风险的，会有

隐患留给后来人。所以现在我们的工作程序都是很规范的，挑不出毛病的。尽管可能会影响项目进度，但是我认为这种牺牲是值得的。所以，即便上级再怎么督促，我们还是坚持原则，就是要尽可能取得集体成员的普遍认可，我们也向上级表明了这个态度（访谈资料，ZB20210305）。

另外，大力推进社务公开、高标准打造"蓝天模板"，某种意义上也是为了逃避责任。从实际效果来看，制作精良、内容充实的公开栏未必会有大量集体成员查看。但是，如果缺乏充分的信息公开，可能就会成为部分集体成员质疑集体经济运行的漏洞，甚至成为举报、上访的理由之一。在这种情况下，基层政府乃至农村集体经济组织势必要承担相应工作不力的责任。因此，推动社务公开不仅是为了保证集体成员的知情权和监督权，更重要的是为了减少基层政府面临的潜在风险。除了完善线下公开栏之外，2019年以来，为了进一步提高社务公开的水平，各个经济联社相继开通了微信公众号作为信息公开的另一种渠道，成为基层政府以民主化管理手段降低行政风险的重要举措。

（四）追求效率优先的逻辑

尽管基层政府有时会将民主化管理用作规避治理责任的"托词"，但同时也会在特定条件下着力优化民主化管理特别是民主表决程序，以尽可能提高集体经济运行的效率。在遵循民主化管理基本原则和具体要求的基础上，基层政府主要从以下三个方面加以优化、完善和提升，力图使其助力集体经济发展和基层行政管理。

第一，对于历史遗留问题，采取特事特办、集中处理的方式。在党的十八大之前，桃源街道办辖内集体经济组织在推动集体资产交易时大都缺乏民主表决程序。在很长一段时期内，蓝天区农村集体资产交易相对简单，往往由社委会直接做出决定。之所以缺乏民主表决程序，主要源于三个原因：一是有些资产交易合同签订所在的年代久远，在要求民主表决的相关政策法规出台之前就已经开始履行；二是上级有关部门出台相关政策法规之后，基层政府缺乏相关实施意见，或是制定实施意见不够具体；三是基层政府已有相关规定，但是农村集体经济组织落实不够严格，行政监管力度偏弱。对于此类存量历史遗留问题，街道办在一定时期内，通过集中召集成员大会或成员代表会议的方式重新进行民主表决，本书第三章已经对此做了详细说明。在新形势下，集体成员或成员代表对于既成事实普遍比较理解，加之区农林局特别是街道办的强力推动，补充民主表决程序的过程相对顺利。

第二，对于民主议事载体，有所侧重地强化成员代表会议的职能。如前文所述，成员大会和成员代表会议作为最重要的两类民主议事载体，同时也有着相对清晰的职能分工，农村集体经济组织经营过程中的一般事项通常由后者决定。这种分工本身就是提高集体经济运行效率的表现：成员大会由于召集成本高而被限定于特定事项的决定权，主要是组织架构、资产分配等，大量集体经济发展事务则由规模相对较小、易于组织的成员代表会议主导。同时，关于成员代表的身份和产生办法，目前在实践中并没有严格的限定，集体经济组织具有相当程度的自主权，这提高了组织成员代表会议推进民主决策的便捷性。

第三，对于民主表决过程，主动积极介入并做好解释说明工作。在一些重大集体资产交易中，街道办会从交易之初就密切关注，要求经济联社和合作社在信息公开、群众参与、民主决策等方面高标准推进。以本书第三章提及的高旺第八合作社的金邦、万泰地块为例，整个交易过程真正实现了多方参与、民主决策，不仅严格通过了民主表决程序，而且街道办还多次组织招商会向社委会及成员代表宣讲说明，同时街道办城管科、司法所、国规所等都参与其中出具了意见。这一系列举措大大提高了集体成员对交易过程的参与度，也强化了重大项目民主化管理的示范效应。

尽管基层政府特别是镇街一级行政单位对民主化管理机制进行了优化，尽可能减少其对集体经济运行效率的影响，但是不少干部仍然认为集体经济运行乃至区域发展很大程度上仍然受制于民主化管理机制的束缚。桃源街道办党工委书记表示：

我们街道虽然在蓝天区的地理几何中心，也已经被列为蓝天区的中心城区，但是目前客观来说还是比较落后的，特别需要城市更新和产业转型升级。不过面临的最大挑战就是集体土地问题，什么事情都要民主表决通过才能开始干，土地征收、房屋拆迁这些不用说，一般的集体资产交易各个环节也都要全方位引入民主机制。当然这是必要的，确实能让农村集体的各项工作公开透明。但是客观来说，也确实耽误了很多重要工作。比如我们要推进整村改造，多次尝试引入外部企业都没有成功，其中一个障碍就是村民表决问题。对比前几年的雄安新区，如果按照我们这种程序来做，那种全方位规划改造的试验田根本不可能完成。当然，雄安是千年大计，我们不能比。但是，那是真有效率，也是我们的制度优势（访谈资料，GHH20200710）。

四 农村集体经济组织民主化管理的未来趋势

在新型城镇化和乡村振兴同步推进过程中，越来越多地区的农村集体经济发展潜力大大增加，在增加农村集体收益的同时也对民主化管理提出了更高的要求。如前文所述，农村集体经济发展也为民主化管理奠定了物质基础，二者相辅相成。在农村集体经济持续发展的进程中，民主化管理的演进在未来可能会突出以下方向。

第一，以持续强化集体属性为首要原则。作为社会主义公有制的重要形式之一，农村集体所有制主要体现为农村群众共同劳动、共同拥有生产资料、共同享有劳动成果。在集体经济走向非农化的过程中，尽管群众共同劳动的形式不复存在，但是生产资料和劳动成果的集体所有仍然是农村集体经济最鲜明的特征。推动农村集体经济发展既要坚持效率优先，又要将公平置于更加重要的位置。而保证集体成员普遍参与的民主化管理既是强化公平原则、体现"集体"属性的关键机制，也是强化集体成员主体地位的重要制度设计。这一机制不但具有象征性的政治意义，也能够有效防范因少数人独断专行带来的不利后果。尽管可能在一定程度上牺牲集体经济运行过程的效率，但是从提升集体经济运行规范性的层面来看，民主化管理对于集体经济的长远健康发展极为重要。因此，在农村集体经济相对发达的地区，民主化管理在行政体系中的地位会持续上升，相关创新举措则会层出不穷。近年来，南州市蓝天区以及其他行政区都在持续探索，特别是在信息公开、强化监督、民主议事厅建设等方面有序推进，并取得了良好效果。

第二，以完善成员代表会议为基本方向。成员代表会议是支撑农村集体经济运行最为重要的民主议事载体，也是集体资产交易过程中最为常用的民主表决方式。与需要召集半数以上具有选举权的成员或 2/3 以上的户代表参会的成员大会相比，规模相对有限的成员代表会议既能保证集体成员的民主参与，同时又能有效节约民主表决的各项成本。因此，成员代表会议已经成为基层政府最为倚重的民主议事载体。目前，《广东省农村集体资产管理条例》等相关政策法规已经就成员代表的比例、人数和产生办法等做出了原则性规定，但是更多的是将相应权力下放给基层农村集体经济组织而自主决定。就南州市而言，也仅仅是增加了成员代表会议中普通集体成员所占比例规定的要求，在成员代表的具体产生和人数上并无强制性规定。鉴于成员代表会议在民主化管理中的重要性日益凸显，应该进一步提升成员代表产生的规范性。一个可以考虑的方向是提高成员代表的地位，参照监事会即民主理财监督小组成员，视其为农村集体经济组织干部队伍的固定构成，并给予相应的薪酬。这不但能提升成员代表会议的规格，更能增强成员代表个人的责任感和使命感。

第三，以突出重大事项监管为重点内容。农村集体经济组织的重大事项是实施民主化管理的重点领域，也是基层政府审查备案的固定内容。在集体经济运行中，重大合同可能影响地区发展长远规划，是基层政府关注的重点。但是各级政府的政策文件关于重大合同的判断标准经常发生变化，甚至在同一时期内出现矛盾的现象。比如，2018 年 3 月印发的《蓝天区农村集体资产交易管理办法》规定，合同标的首年金额达 200 万元及以上的土地、集体物业使用权的出租，需进入区交易中心进行交易，已经是事实上的重大合同；2018 年 6 月印发的《桃源街道集体经济组织民主决议事规则指导意见》则规定，首年标的金额在 50 万元及以上或者合同期限在 5 年及以上的即为重大合同；2015 年印发的《白云区农村集体经济组织"三资"平台和资产交易管理办法（试行）》曾规定合同期限 10 年及以上的集体建设用地使用权、集体物业使用权的出租需要进入区交易中心进行交易。因此，需要为重大事项特别是重大合同设定相对统一的标准，这不仅有利于基层镇街和集体经济组织的规律化运作，同时也有利于招商对象对自身发展方向设定稳定预期。

第四，以防范民主表决的异化为根本底线。在《蓝天区村社民主表决议事规则指导意见》中，专门列明了不可提交民主决策议事的若干事项，为民主表决划定了底线。民主表决是推进民主化管理的核心举措，也是吸纳集体成员参与集体经济运行过程最为直接的方式。但是，民主表决也可能成为农村个别宗族势力甚至黑恶势力要挟甚至对抗政府的工具，最终损害集体利益甚至影响区域长远发展。因此，基层政府不得不考虑其可能带来的负面效果。未来在强化集体经济组织民主化管理的同时，必须避免"唯表决论""唯选票论"导致农村集体内部出现影响基层社会稳定的不和谐因素，着力推动民主表决在尊重差异、凝聚共识的过程中进一步发挥提升集体经济运行效率的正向功能。这就要求基层政府采取积极稳妥、辩证灵活的思路来推进民主化管理，努力实现民主表决正向功能的最大化，保障集体经济的平稳运行。

结　论

　　本书关注珠三角地区超大型城市近郊农村集体经济运行过程，全面梳理了基层政府支配下的农村集体产权实践，包括集体资产的使用、交易、收益分配，以及集体经济运行中的民主化管理机制。研究表明，在农村社区快速城市化、集体经济全面转向"租赁型经济"的背景下，基层政府形塑农村集体产权运行各类实践的政策更加完备、措施更加严密，并且展现了特有的行政建构逻辑。在普遍经历了非农化转型、租赁化运作之后，农村集体经济已经成为地区国民经济体系的特殊组成部分。各级政府特别是基层政府对农村集体产权运行过程的深度介入和具体干预，形成了相对明确的监管思路和日益完备的监管体系，可纳入政府规制理论的视野下加以考察。本部分梳理农村集体产权实践的行政建构及其演变过程，归纳租赁型集体经济条件下政府规制的实践倾向和主要特征，并展望政府规制的优化方向。

一　农村集体产权实践的行政建构及其演变

　　国家政治权力与产权之间的矛盾关系是新制度经济学家长期关注的焦点问题，曾经被总结为诺斯悖论——在使统治者租金最大化的产权结构与降低交易费用、促进经济增长的有效体制之间存在固有内在矛盾，或是温加斯特悖论——强大到足以保护产权和实施合同的政府也同样强大到足以剥夺公民的财产。这意味着，国家作为在暴力方面具有比较优势的组织，始终处于界定和行使产权的特殊地位（诺斯，1994）。但是，这一经典命题更多的是一项需要被持续验证的宏观研究假设，而 20 世纪 80 年代经历市场经济转型的社会主义国家则提供了经验层面的特殊场景。在比较不同市场转型国家的改革实践时，研究者进一步将作为国家代理人的政府区分为三种"理想型"角色，分别是无为之手、援助之手和掠夺之手（Frye & Shleifer，1997）。不过，经济学研究者在探讨国家政治权力与产权之间的关系时，倾向于将"产权"限定为"私有产权"，缺乏对社会主义国家集体产权的足够关注。

对于中国农村集体产权这种由国家直接创造的特殊产权类型来说，国家以及各级政府的角色是主动对产权实践进行有目的的行政建构。农村集体产权形成于农业合作化时期，作为一种特定的社会主义制度安排，最初是以集体所有制的形式出现（刘金海，2003；刘鹏，2009），土地是最重要的集体资产。在改革开放之前，国家对农村集体产权实践的介入主要表现在对作为土地实际所有者的"集体"进行层次和范围上的调整。总体上看，集体指代的范围和土地使用方式经历了两种不同的体制：一是"一大二公"的人民公社体制，采取"政社合一"的方式，实施以人民公社为单位高度集中的统一经营；二是"三级所有，队为基础"体制，实施以生产队为单位的统一经营，落实了生产队的所有权并扩大了其自主性（刘守英等，2019），这一体制的基本理念延续至今。可见，计划经济时代农村集体产权运行的焦点在于强调"集体"作为土地直接所有者的角色，以突出公有制的性质，行政建构只是调整集体的界定标准。

改革开放之后，家庭联产承包责任制的普遍推行赋予了农户土地承包权，家庭经营成为农业生产经营的主要形式，传统农业集体经济式微。与此同时，在20世纪80年代至90年代，乡镇企业的异军突起使其成为农村集体经济的主流实现形式，进而成为各级政府推进农村集体产权治理的主要领域。支持乡镇企业发展、激活集体经济优势是地方政府普遍遵循的政策导向，权力下放、政策突破、体制创新因而成为政府行政过程的主基调。在这一过程中，地方政府尤其是基层政府被研究者描述为地方法团主义视野下的"厂商"（魏昂德，1995）或"公司"（彭玉生，2001）等直接主导辖区内乡镇企业运营的关键角色，乡镇企业则被赋予了展现集体产权特殊优势的重大使命。从市场转型的角度看，乡镇企业的发展得益于政府权力对市场的替代,是社会主义集体所有制和威权主义结合的产物(邱泽奇,1999),同时也展现了基层政权扩展自主性的努力(熊万胜,2010)。

乡镇企业由盛转衰之后,农村集体经济大都转向了租赁型经济。一方面,农村集体不再直接经营集体资产,而是以"业主"身份出租集体资产的经营权。由此,农村集体经济融入了开放的市场经济过程,吸纳了更多外部市场主体。另一方面,农村集体与外部市场主体之间存在着不对等的地位。尽管农村集体经济组织在名义上是独立经营的经济实体,有些甚至成立了股份制公司,但是距离真正的市场主体仍有差距,在处理与一般市场主体的关系时仍然并不专业。同时,外部市场主体主导下的集体资产的经营内容多样、经营形式灵活,很大程度上超出了农村集体的认知范围。因此,在市场机制不断深化的趋势下,针对农村集体产权的行政建构逐步演变为"政府规制",聚焦集体资产交易过程这一最能产生经济价值的流通环节,以推动农村集体经济组织更加适应市场经济运行规则、符合政府行政监管要求。

综上所述,自新中国成立以来,农村集体经济的形式和内容在不同历史时期呈现出了各自特点,并且衍生了不同类型的产权实践。相应地,政府主导的行政建构也遵循不同的行动逻辑。在农业型集体经济阶段,自上而下的行政建构着眼于优化集体所有制,以计划至上为原则,基层政府事实上是"遵照落实者";在工业型集体经济阶段,自上而下的行政建构着眼于强化基层自主性,以市场优先为原则,基层政府成为"积极有为者";在租赁型集体经济阶段,自上而下的行政建构着眼于经济运行的规范性,以强化市场监管为原则,基层政府演变为"监督管理者"。

由此可见,改革开放之后,农村集体经济的非农化转型提升了基层政府参与其中的积极性和影响力,但是推进行政建构的模式发生了变化:与乡村工业化时代的赋权基层、释放农村集体活力相比,基层政府针对租赁型集体经济的治理逐步走向严格的规范化监管,引导农村集体经济组织向一般性市场主体的方向成长,并以市场规则和行政规范为依据对其进行了有目标的方向性塑造,最终在农村集体经济发达地区形成了针对这一特殊经济形态的政府规制体系。

二 租赁型集体经济条件下的政府规制

当前，在农村集体经济已普遍转向租赁型经济的背景下，基层政府越来越倾向于将其纳入主流市场经济体系之中，突出市场规则、法制规范、政策规定的基础性作用。以此为目标，在农村集体经济相对活跃的地区，基层政府针对集体产权实践形成了日益完备的规制措施。与面向一般市场主体的常规性政府规制相比，农村集体产权实践中的政府规制面临着更加复杂的外部环境，需要考虑更加多元的目标。目前，政府规制以行政性规制为主要手段，主要采用行政命令、行政规定、行政指示以及下达指令性任务等方式来完成（崔德华，2011）。通过对蓝天区桃源街道办的政府规制方式的全面考察，可以发现农村集体经济领域的政府规制已经形成具有自身特点的稳定模式。

（一）面向农村集体经济组织的政府规制

在西方经济学视野下，政府规制是用以描述政府对市场主体进行微观干预的综合性概念。作为一种伴随着市场经济发展而产生的特定政府行为，西方国家的政府规制实践源远流长，并从 20 世纪 70 年代开始形成系统化的政府规制理论（张红凤，2006）。总体上看，政府规制的对象一般是特定产业或以企业为代表的市场主体，政府规制的方式则以追求普遍适用性的经济性手段为主。比如，在激励性规制理论指导下，相应的规制方式包括特许投标、价格上限、区域间标杆竞争等（林琳、唐骁鹏，2004；曹永栋、陆跃祥，2010）。

在农村集体经济活跃地区，针对集体产权实践的政府规制展现出了不同于面对一般市场主体时的特点：第一，以农村集体经济组织这一特殊经济实体为规制对象。基层政府面对的是市场化程度不足、组织运作不成熟的所谓"经济社会综合体"（周锐波、闫小培，2009），对后者而言，尽管经济效益仍然是基本追求目标，但是与之不相适应的干扰因素更加普遍，比如村社干部可能存在的"暗箱操作"、社员对集体资产交易过程的认知分歧等。第二，以行政性规制为主要推进方式。由于农村集体经济长期成长于不健全的市场环境和政策环境中，政府规制的一项重要目标就是以行政命令设定并应用符合现代市场运行规则的硬性规范，以尽可能解决影响农村集体经济规范运行的大量历史遗留问题。第三，以完善基层治理秩序为延伸性目标。农村集体产权实践的政府规制过程涉及不少与经济运行并不直接相关的活动，比如集体成员民主表决机制、村务社务公开制度等。相关实践有助于优化农村基层治理格局，同时也是集体经济规范运行的重要前提条件。

　　尽管租赁型集体经济条件下的政府规制有其自身特点，但是仍可归入激励性规制理论的范畴之下考察。与传统规制理论相比，激励性规制理论更加关注规制环境中的信息不对称以及由此产生的委托代理关系，聚焦规制者与被规制者之间的互动过程，因而具有更强的现实应用性。上述特点契合了基层政府与农村集体经济组织之间的规制与被规制的关系。一方面，二者之间存在着明显的信息不对称。农村集体经济组织是独立运作的经济实体，同时也是体现基层自治的重要载体，处于信息优势的地位。基层政府对于集体经济运行过程的监管存在不少漏洞，这也是近年来政府加强监管的直接原因。另一方面，信息不对称的现实引发了农村集体经济组织自主运行中的失范现象，特别是集体内部监督机制不健全引发的腐败问题比较严重，构成了激励性规制理论中的"道德风险"和"逆向选择"问题。这损害了农村集体的公共利益，甚至影响了基层社会的秩序和稳定。因此，以各类激励手段保证农村集体经济规范运行，成为政府规制回应基层现实需求的基本导向。

（二）政府规制的主要实践倾向

　　通过对蓝天区桃源街道农村集体产权实践过程的经验研究，本书发现，处于不成熟的市场主体和复杂政策环境的政府规制，呈现出了相对明确的实践倾向。

1. 面对多种规制领域，以集体资产交易过程为重点领域

对于产权本身内涵的不同权项及其实践，政府规制的介入程度是有差

异的。国外一些经济学家曾对私有产权的权利束做出多种界定。巴泽尔（1997：2）把产权的内涵分解为三个方面："个人对资产的产权由消费这些资产、从这些资产中取得收入和让渡这些资产权利或权力构成。"从这一定义出发，产权由使用权、收益权和交易权构成。这种划分方式与张五常（2000：33）在《佃农理论》中对私有产权内涵的理解是一致的，他认为私产包括三种权利：使用权（或决定使用权）、自由转让权和不受干预的收入享受权。除了上述三项权利之外，国内一些学者经常把所有权也视为产权的重要构成要素，甚至是决定其他三项权利的最根本的权利（刘诗白，1998：23；黄少安，2004：66）。综合国内外学者的各种观点，农村集体产权的权利束也可分解为所有权、使用权、交易权和收益权四类权项。经验研究表明，对于上述四类权项，基层政府更加关注对集体经济运行影响最大的流通环节，针对交易权及相关实践的规制措施最为完备和严密。

在本书中，第三章至第五章依次论述了基层政府对农村集体资产的使用、交易、收益分配等集体经济运行不同环节的具体实践展开的规制过程。其中，交易权及相关实践是政府规制的核心领域，并形成了相对完备的规制体系。这主要表现在三个方面：第一，制度建设和机构设置相结合。对于农村集体资产交易，南州市专门以政府令的形式颁布了市级管理办法，蓝天区、各镇街都制定了相应的实施办法。同时，在不同行政层级设置相应的集体资产交易服务机构，实现了"管办分离"。第二，政策规定与实际执行相匹配。完整而严密的政策规定是落实集体资产交易过程监管的前提条件，近年来蓝天区不断加大政策执行力度，将集体资产交易普遍纳入监管视野，大大压缩了农村集体经济组织自行交易的空间。第三，现实规范与历史问题相对照。对于不符合现行集体资产交易规定程序，但正在运行的既有交易项目，蓝天区各镇街都开展了大规模的审查整顿，最具代表性的是合同清理和整改。对历史遗留问题的全面整顿，为进一步推进集体资产交易的规范化产生了积极的示范效应。

相比之下，对于农村集体资产的占有、使用、收益分配的相关实践，政府规制的完备性和严密性都有所不及。第一，本研究没有专门讨论基层政府针对集体资产所有权相关实践的规制措施。原因在于，农村集体资产一般为经济联社或合作社两级集体所有，并未划归微观层面的集体成员，因而资产归属存在的争议相对较少，基层政府对此并未予以特别关注。即使面对资产归属上的争议问题（一般是集体土地方面的纠纷），如不同经济联社或合作社之间有争议的集体土地的边界勘定，也是以协商、调解等柔性方式加以解决，通常不会造成太大矛盾。第二，在集体资产的使用方面，政府规制主要是探索运用周期性的特定措施加以规范，如清产核资、第三方审计、大额资金支出预警等，没有形成系统化的规制思路和体系。第三，在集体资产收益分配方面，基层政府仅重点关注农村集体经济组织干部报酬的分配，对于一般集体成员的股份分红则交由两级集体经济组织自行处理。2020 年，桃源街道办各联社陆续完成了股权固化改革，确立了未来集体收益分配的基本规则，进一步减轻了基层政府被动卷入的压力，特别是面对"外嫁女"问题的压力。

2. 面对多重规制目标，以完善集体经济运行规则为首要原则

在集体经济发展过程中，政府规制往往需要同时考虑多重目标，包括提升集体经济效益、优化基层民主过程、顺应村规民约等，此外，上级政府阶段性政策要求也是基层政府在实施规制措施时需要重点关注的内容，如违法建设治理、生态环境保护等。与经济学意义上的政府规制以克服市场失灵、提高经济效率为中心目标相比，租赁型集体经济条件下的政府规制需要面对多重目标要求。更为重要的是，上述多重规制目标之间往往是并列关系而非从属关系，没有形成居于主导地位的目标。尽管提高集体经济效益仍然居于重要地位，但是政府规制在不同时期可能因服务于阶段性"政治任务"而偏离效益导向。比如，2018 年南州市出台了《违法建设治理三年行动方案（2018—2020）》，"拆违治违"成为基层政府重点工作并波及农村集体经济运行。在一些镇街，不少集体物业本身就是未经规划、住建等部门审批的"违法建筑"，因而被限制进入集体资产交易流程甚至被列入拆除计划。

从农村集体的角度看，获取集体收益是集体经济发展的中心目标，也是集体成员的收入来源之一。然而，从基层政府的角度看，以出租土地和物业供低端产业使用的农村集体经济形式，不但对地方财税收入贡献不大，而且可能会带来安全生产事故、环境污染等一系列风险。由此，农村集体和基层政府对集体经济的发展预期产生了分歧。基层政府对于"低端"集体经济的态度是矛盾的：既希望集体收益增长以满足群众需要，又对这一经济形式可能造成的风险保持严格管控。近年来，在城市高质量发展的总体要求下，后者成为基层政府强力推进的重要规制方向，并且越来越多地依靠设定和强化集体经济运行规则框架来完成。事实上，强化规则的应用不仅是防范集体经济运行衍生风险的需要，同时也是基层政府面对各种规制目标时的首要原则。这一原则尽管短期内会造成经济效率损失，但是长远来看最终会降低政府规制成本。

对于基层政府来说，完成多元规制目标主要通过完善集体经济运行的各类规则来实现。在本书各章节的论述中，无论是集体资产使用的清晰化管理，还是集体资产交易的程序化管理，抑或集体经济运行全过程的民主机制要求，都体现了基层政府力图通过制定和运用各类规则来达到集体经济规范化运行的最终目标。而各类规则的应用，在短期内可能影响集体经济的运行效率。比如，集体资产交易的程序化管理比较机械，被认为耗时过长影响了交易进度；集体资产底数、交易过程全部要求在电子化系统中呈现，并且需要在市、区等多个平台重复填报信息，增加了"三资"管理人员的工作量。此外，以现行规范标准审视并矫正历史遗留问题，比如合同清理整顿，一定程度上打乱了集体经济运行的节奏，存在不少争议性问题，但同时也体现了基层政府全面应用规则、统一监管标准的决心和努力。

3. 面对多元规制措施，以推进集体成员民主参与为重要内容

在推动农村集体经济走向规范化过程中，强化集体成员的普遍参与是各类政府规制措施经常涉及的重要内容，在集体资产的使用、交易以及收益分配中都有体现。这一规制方向与农村基层自治制度、集体经济组织民主管理产生了交集，并扩展了政府规制的外部效应。

第一，有利于增加政府规制的辅助力量。强化民主参与机制既是政府规制的重要内容，同时也调动了集体成员作为基层政府潜在补充力量的积

极性。有学者认为,中央政府大力推进农村基层群众自治的目的是,通过与农户组成一个联盟,防止基层政府对农村集体产权运行进行不当干预甚至非法侵占(吕之望,2004)。从基层政府的角度看,落实基层民主参与制度也有类似的效果,即防止村社干部破坏农村集体产权的集体属性和公共利益。事实上,强化集体成员的民主参与是完善集体经济组织内部监督机制的重要举措,有助于自下而上地约束村社干部。另外,在完成民主参与的规定程序过程中,村社干部深入群众做好宣传解释工作的要求提高,干群之间由此形成了更加紧密的关系。因此,针对集体经济运行的政府规制措施,达到了强化村社干部与集体成员互动关系的外在效果。

第二,有利于增强政府规制的合法性。农村集体经济是社会主义公有制经济的重要组成部分,其集体属性不仅表现在生产资料的集体所有、集体收益的公平分配等方面,同时也表现在集体成员普遍参与经济运行过程方面。因此,集体成员的民主参与不仅是政府规制的必要组成部分,同时还与社会主义基本经济制度联系起来了,这一政治意义进一步强化了管理政府规制本身的合法性。目前,尽管集体成员的参与度有待提高,民主参与的形式尚处于不断完善之中,但是在信息公开成为许多地区着力创新的实践领域的背景下,集体成员对公共事务的关注度逐步提升。在蓝天区,信息公开不但形成了具有本土特色的实践模式,而且成为引领基层民主参与的突破口。

第三,有利于扩大政府规制的适用范围。近年来,在农村集体经济相对发达、集体经济组织独立运行的地区,推进基层民主的各类实践逐步完善。本书立足政府与集体经济的关系角度,将其纳入了政府规制重点关注的内容。事实上,在各类政府规制措施中,推动集体成员参与集体经济运行过程的民主化机制是最具普遍推广价值的,原因就在于其兼具民主建设和行政管理的双重意义。随着乡村振兴战略的持续推进,农村集体经济的发展空间不断扩大,越来越多地区对政府规制的需求将进一步增加。在这种背景下,推进民主参与就会成为农村集体经济快速成长地区的优先选择,进而带动政府规制其他具体内容的加速推广和落地。

三　政府规制的优化方向与未来展望

对于珠三角地区许多城市来说，自 20 世纪初期开始，城市近郊的不少农村地区就逐步形成了以出租土地和物业为基础的集体经济形式，并一直延续至今。长期以来，自发性、粗放式的租赁型经济形式尽管使农村集体经济组织获得了可观的集体收入，但同时也带来了集体资产违规经营、土地利用效率不高、生态环境保护不力等诸多问题。这一系列消极后果导致农村集体经济越来越不适应现代市场经济发展要求，并且成为阻碍城市化进程的重要因素，最终制约了集体经济本身的长远健康发展。因此，政府规制就成为扭转这一趋势的主要推动力量。事实上，政府规制的过程就是农村集体经济走向规范化发展的过程，并决定了后者的发展方向和运行效率。

本书关注珠三角地区一座超大型城市近郊的农村集体经济运行过程，并对农村集体资产使用、交易、收益分配等环节的政府规制实践进行了全面考察。经验研究表明，政府规制重塑了农村集体经济的制度环境并大大提升了其规范化运行水平，已经成为影响农村集体经济发展最为重要的外部变量。但是，未来政府规制需要把握以下两大原则，才能更好地推动集体经济发展。

第一，科学划定政府规制的边界。政府规制的核心目标是引导和推动农村集体经济走向规范化发展，而不是直接控制其发展路径。由于面向农村集体经济组织的政府规制以行政性手段为主，有时容易陷入对集体经济具体事务进行深度干预甚至直接代管的境地。比如，本研究在论述基层政府参与重大集体资产交易项目时，曾以高旺联社第八合作社所辖的金邦、万泰地块及物业的使用权出租为例。这一地块所处地段优越，占地面积大，其产业规划对于桃源地区经济长远发展具有深远影响，而高旺第八合作社和桃源街道办在引入产业类型上出现了分歧。其中，桃源街道办主张引入优质民办学校以做大做强地区教育事业。这一举措表面上是出于提高地区教育水平，更深层次的原因则是桃源街道办部分班子成员与特定民办学校之间具有私人关系。尽管该民办学校最终没有获得这一地块的使用权，但是这一过程却反映了基层政府试图根据自身偏好对集体资产经营内容进行深度干预。因此，为政府规制内容划定边界、限制基层政府对农村集体经济组织的不当干预就显得十分重要。

第二，提升政府规制的执行效果。在对农村集体经济运行进行规制的过程中，基层政府频繁采用大量行政命令、政策规定、临时指示等，试图激励农村集体经济组织沿着上级政府设定的基本目标有序推进。但是，农村集体经济组织在落实过程中往往打了折扣，出现了一些不符合政策要求的现象，比如仍然存在集体资产非公开交易、社务信息公开不完整等现象。可见，严格的、具有强制性的行政命令并不能确保农村集体经济实现绝对的规范化运行。当政府规制的激励效果未达预期时，针对部分重点行政任务，一些非常规的制度设计和政策措施会成为辅助性手段，比如下派第一书记、纪委监委介入等。上述非常规手段有助于提升政府规制的执行效果，但是这些成本相对较高的短期措施难以持续。因此，如何激发农村集体经济组织自我约束的内在动力，以更加高效的方式完成政府规制，是下一阶段基层政府需要面对的重要课题。

在珠三角地区，以南州市为代表的不少地市的农村集体经济长期低端化发展及其积累的大量历史遗留问题，造就了政府规制的特殊意义及其不断强化的趋势，这也是本书将其确定为研究主题的主要原因。近年来，尽管农村集体经济发展的规范化程度不断提高，但是政府规制仍然面临大量挑战，基层政府与农村集体经济组织之间的博弈性互动必将持续相当长一段时间。

值得注意的是，在特定情况下，政府规制的现实挑战会得到有效缓解，这一条件即全面彻底的旧村改造。从 2020 年开始，南州市的一个行政区启动了以整体拆迁为目标的大规模旧村改造行动。在这一过程中，大量农村宅基地自建房被全面拆除，集体物业也随之被拆除。为了保证整体拆迁之后农村集体成员有稳定的收入来源，当地政府已经为完成拆迁的集体经济组织复建了同等面积的集体物业。按照城市更新的预期，复建集体物业不但符合国土、规划、住建等多部门要求，同时分布也更加集中有序，相应的政府规制自然更加顺畅。不过，对于南州市大部分行政区来说，相对低端、分散化的租赁型经济在未来很长一段时期内仍然会是集体经济的主流形态。相应地，政府规制的各类实践仍然需要不断调适以应对现实挑战，这一充满张力的焦点领域值得更多研究者持续关注。

参考文献

论文类

安希伋，1988，《论土地国有永佃制》，《中国农村经济》第 11 期。

柏兰芝，2013，《集体的重构：珠江三角洲地区农村产权制度的演变——以"外嫁女"争议为例》，《开放时代》第 3 期。

蔡昉，1987，《农村经济发展特征与下一步改革》，《经济研究》第 8 期。

蔡禾、卢俊秀，2007，《制度变迁背景下的社区权力与秩序——基于广州市一个城中村的研究》，《广东社会科学》第 6 期。

曹永栋、陆跃祥，2010，《西方激励性规制理论研究综述》，《中国流通经济》第 1 期。

曹正汉，2008，《产权的社会建构逻辑——从博弈论的观点评中国社会学家的产权研究》，《社会学研究》第 1 期。

曹正汉、冯国强，2016，《地方分权层级与产权保护程度——一项产权的社会视角的考察》，《社会学研究》第 5 期。

陈柏峰，2012，《土地发展权的理论基础与制度前景》，《法学研究》第 4 期。

陈东华、马山水、刘纪峰，2008，《我国村干部激励机制研究》，《华东经济管理》第 8 期。

陈国富，2004，《国家与产权：一个悖论》，《南开学报》（哲学社会科学版）第 6 期。

陈家建，2013，《项目制与基层政府动员——对社会管理项目化运作的社会学考察》，《中国社会科学》第 2 期。

陈颀，2021，《产权实践的场域分化——土地发展权研究的社会学视角拓展与启示》，《社会学研究》第1期。

陈永刚，2010，《谁该为村干部报酬"买单"——对村干部工资管理若干问题的思考》，《兰州学刊》第5期。

陈镇雄，1992，《论珠江三角洲镇政府与镇办企业的关系》，《开放时代》第6期。

程宇，2016，《嵌入性政治下的地权配置——基于南县农地产权改革的观察》，《公共管理学报》第1期。

仇叶，2018，《集体资产管理的市场化路径与实践悖论——兼论集体资产及其管理制度的基本性质》，《农业经济问题》第8期。

崔德华，2011，《论政府规制的行政性维度》，《福建论坛》（人文社会科学版）第5期。

崔雪炜，2017，《乡村善治视角下"村民委员会"重构之路径分解——结合农村集体经济组织的重构》，《西北民族大学学报》（哲学社会科学版）第6期。

戴威，2016，《农村集体经济组织成员资格制度研究》，《法商研究》第6期。

党国印，1998，《论农村集体产权》，《中国农村观察》第4期。

党国英，2013，《论我国土地制度改革现实与法理基础》，《理论参考》第6期。

邓大才，2017，《中国农村产权变迁与经验——来自国家治理视角下的启示》，《中国社会科学》第1期。

丁波，2020，《乡村振兴背景下农村集体经济与乡村治理有效性——基于皖南四个村庄的实地调查》，《南京农业大学学报》（社会科学版）第3期。

董国礼，2000，《中国土地产权制度的变迁：1949—1998》，《中国社会科学季刊》（香港），秋季号。

董国礼、易伍林，2016，《土地集体产权及农民利益保障的困境——安徽桃园村股权纠纷考察》，《学术界》第12期。

董红、王有强，2009，《村民委员会与农村集体经济组织关系的思考》，《调研世界》第 1 期。

董伟玮，2020，《国家治理现代化的基层行政基础》，《理论探讨》第 2 期。

杜国明，2011，《"村改居"后农村集体经济组织面临的新问题探讨——基于广东省的调研分析》，《农村经济》第 8 期。

杜姣，2018，《吸附型城乡关系下的村级治理行政化——以上海地区村级治理实践为例》，《探索》第 6 期。

杜园园，2015，《村干部职业化的内在逻辑及其后果》，《中共宁波市委党校学报》第 2 期。

方辉振，2006，《城郊工业化城市化与乡村工业化城镇化比较研究》，《江淮论坛》第 1 期。

方丽华、卢福营，2012，《论集体经济式微对村民自治的钳制》，《浙江师范大学学报》（社会科学版）第 1 期。

方志权，2014，《农村集体经济组织产权制度改革若干问题》，《中国农村经济》第 7 期。

付光伟，2014，《市场转型过程中地方政府角色研究的三大范式之比较》，《山东行政学院学报》第 10 期。

傅晨，1999，《论农村社区型股份合作制制度变迁的起源》，《中国农村观察》第 2 期。

傅晨，2001，《社区型农村股份合作制产权制度研究》，《改革》第 5 期。

高飞，2019，《农村集体经济组织成员资格认定的立法抉择》，《苏州大学学报》（哲学社会科学版）第 2 期。

高万芹，2019，《村干部职业化的实践、后果及其制度监控》，《南京农业大学学报》（社会科学版）第 1 期。

高欣、张安录，2018，《农村集体建设用地入市对农户收入的影响——基于广东省佛山市南海区村级层面的实证分析》，《中国土地科学》第 4 期。

耿静超、石大立，2011，《佛山市南海区创建农村集体资产管理交易平台的探索与分析》，《南方农村》第 5 期。

管兵，2019，《农村集体产权的脱嵌治理与双重嵌入——以珠三角地区40年的经验为例》，《社会学研究》第6期。

桂华，2017，《论法治剩余的行政吸纳——关于"外嫁女"上访的体制解释》，《开放时代》第2期。

桂华，2017，《农村土地制度与村民自治的关联分析——兼论村级治理的经济基础》，《政治学研究》第1期。

桂华，2019，《产权秩序与农村基层治理：类型与比较》，《开放时代》第2期。

郭斌、王征兵、宁泽逵，2010，《激励因素对落后地区村干部的激励效果及其排序——以陕西省长武县为例》，《财贸研究》第5期。

郭亮，2011，《集体所有制的主体为什么是"模糊"的——中山崖口：一个特殊村庄存在的一般意义》，《开放时代》第7期。

郭亮，2011，《资本下乡与山林流转：来自湖北S镇的经验》，《社会》第3期。

郭亮，2012，《土地"新产权"的实践逻辑：对湖北S镇土地承包纠纷的学理阐释》，《社会》第2期。

郭强，2014，《中国农村集体产权的形成、演变与发展展望》，《现代经济探讨》第4期。

韩俊英，2018，《农村集体经济组织成员资格认定——自治、法治、德治协调的视域》，《中国土地科学》第11期。

何艳玲、蔡禾，2005，《中国城市基层自治组织的"内卷化"及其成因》，《中山大学学报》（社会科学版）第5期。

何艳玲、程宇，2018，《"村集体属于谁"与农地产权的行政建构——基于南县的土地改革研究》，《社会发展研究》第3期。

何宇，2004，《"城中村"改造之路——广州市天河区龙洞村发展模式研究》，《中山大学学报论丛》第5期。

贺欣，2008，《为什么法院不接受外嫁女纠纷——司法过程中的法律、权力和政治》，《法律和社会科学》第1期。

贺雪峰，2011，《论利益密集型农村地区的治理——以河南周口市郊农村调研为讨论基础》，《政治学研究》第 6 期。

贺雪峰、何包钢，2002，《民主化村级治理的两种类型——村集体经济状况对村民自治的影响》，《中国农村观察》第 6 期。

贺雪峰、谭林丽，2015，《内生性利益密集型农村地区的治理——以东南 H 镇调查为例》，《政治学研究》第 3 期。

黄佳鹏，2018，《行政与自治互构：村干部职业化与内生治理需求的表达——基于鄂东 Z 村的田野调查》，《中共福建省委党校学报》第 11 期。

黄砺、谭荣，2014，《中国农地产权是有意的制度模糊吗》，《中国农村观察》第 6 期。

黄宗智，2008，《集权的简约治理——中国以准官员和纠纷解决为主的半正式基层行政》，《开放时代》第 2 期。

黄祖辉、汪晖，2002，《非公共利益性质的征地行为与土地发展权补偿》，《经济研究》第 5 期。

江晓华，2017，《农村集体经济组织成员资格的司法认定——基于 372 份裁判文书的整理与研究》，《中国农村观察》第 6 期。

蒋红军、肖滨，2017，《重构乡村治理创新的经济基础——广东农村产权改革的一个理论解释》，《四川大学学报》（哲学社会科学版）第 4 期。

蒋红军、张东，2020，《产权性质、经济发展与村庄民主——一个三元逻辑竞合的整体性解释》，《华中师范大学学报》（人文社会科学版）第 4 期。

蒋省三、刘守英，2003，《让农民以土地权利参与工业化——解读南海模式》，《政策》第 7 期。

蒋省三、刘守英，2003，《土地资本化与农村工业化——广东省佛山市南海经济发展调查》，《管理世界》第 11 期。

金文龙，2016，《社区股份合作制改革中的地方政府、村集体与村民》，《学海》第 5 期。

寇浩宁、李平菊，2018，《田制、土地流转与"倒地谋利"——基于河北省北镇的考察》，《兰州学刊》第 8 期。

蓝宇蕴，2017，《非农集体经济及其"社会性"建构》，《中国社会科学》第 8 期。

李郇、黎云，2005，《农村集体所有制与分散式农村城市化空间——以珠江三角洲为例》，《城市规划》第 7 期。

李宽、熊万胜，2015，《农村集体资产产权改革何以稳妥进行——以上海松江农村集体资产产权改革为例》，《南京农业大学学报》（社会科学版）第 2 期。

李培林，2002，《巨变：村落的终结——都市里的村庄研究》，《中国社会科学》第 1 期。

李强，2021，《农村集体收益分配中的行政嵌入及其实践逻辑——基于农村集体经济组织干部报酬管理的考察》，《中国农村观察》第 4 期。

李胜兰，2004，《外向型城市化发展模式研究——珠江三角洲个案研究》，《中山大学学报》（社会科学版）第 5 期。

李维庆，2007，《我国农村土地产权制度的残缺及变革方向》，《中州学刊》第 9 期。

李永萍，2017，《村干部的职业化：原因、效果与限度——基于上海市远郊农村的调研》第 1 期。

李勇华，2011，《自治的转型：对村干部"公职化"的一种解读》，《东南学术》第 3 期。

李勇华，2016，《农村集体产权制度改革对村民自治的价值》，《中州学刊》第 5 期。

李勇华、汪燕青，2011，《村干部"公职化"对村民自治的实际影响及其政策建议——基于浙江的实证研究》，《探索》第 5 期。

李志军，2011，《村干部"谋利型代理人"角色及其行为逻辑——以西北龙村退耕还林（还草）事件为例》，《古今农业》第 3 期。

林琳、唐骁鹏，2004，《西方激励性规制理论述评》，《经济问题探索》第 2 期。

林永新，2015，《乡村治理视角下半城镇化地区的农村工业化——基于珠三角、苏南、温州的比较研究》，《城市规划学刊》第 3 期。

刘金海，2003，《从农村合作化运动看国家构造中的集体及集体产权》，《当代中国史研究》第 6 期。

刘鹏，2009，《三十年来海外学者视野下的当代中国国家性及其争论述评》，《社会学研究》第 5 期。

刘守英、熊雪锋、龙婷玉，2019，《集体所有制下的农地权利分割与演变》，《中国人民大学学报》第 1 期。

刘玉照、金文龙，2013，《集体资产分割中的多重逻辑——中国农村股份合作制改造与"村改居"实践》，《西北师大学报》（社会科学版）第 6 期。

刘玉照、田青，2017，《集体成员身份界定中的多重社会边界》，《学海》第 2 期。

卢俊秀，2013，《从乡政村治到双轨政治：城中村社区治理转型——基于广州市一个城中村的研究》，《西北师大学报》（社会科学版）第 6 期。

卢俊秀，2015，《村落社区被动城市化的庇护关系逻辑》，《甘肃社会科学》第 4 期。

吕之望，2004，《国家行为与个人产权》，《人文杂志》第 4 期。

罗必良，2011，《农地产权模糊化：一个概念性框架及其解释》，《学术研究》第 12 期。

罗猛，2005，《村民委员会与集体经济组织的性质定位与职能重构》，《学术交流》第 5 期。

马翠萍、邰亮亮，2019，《农村集体经济组织成员资格认定的理论与实践——以全国首批 29 个农村集体资产股份权能改革试点为例》，《中国农村观察》第 3 期。

马华、苏芳，2017，《村官腐败的形成与治理："四权"同步的视角》，《江苏行政学院学报》第 2 期。

马学广、王爱民，2011，《珠三角转型社区物业依赖型经济的特征及其调控路径》，《经济地理》第 5 期。

毛帅、聂锐、程平平，2012，《基于政府机制的创业模式发展研究——苏南、温州、珠江模式再析》，《科技进步与对策》第 4 期。

茅铭晨，2007，《政府管制理论研究综述》，《管理世界》第 2 期。

年海石，2013，《政府管制理论研究综述》，《国有经济评论》第 2 期。

宁超、叶巧贤、牛杰会，2018，《供给侧改革视域中农村集体资产交易平台完善研究》，《云南行政学院学报》第 2 期。

宁泽逵，2006，《村干部激励因素贡献分析——基于陕西省渭北地区 W 县的调查数据》，《中国软科学》第 10 期。

欧阳静，2010，《村级组织的官僚化及其逻辑》，《南京农业大学学报》（社会科学版）第 10 期。

裴志军，2011，《村干部的薪酬与其角色定位和行为选择——基于 CGSS 农村调查数据的实证研究》，《农业技术经济》第 4 期。

钱忠好，1999，《农地股份合作制产权特征分析及政策启示》，《农业经济》第 11 期。

秦晖，2008，《强调农民地权，限制圈地运动》，《绿叶》第 11 期。

丘海雄、徐建牛，2004，《市场转型过程中地方政府角色研究述评》，《社会学研究》第 4 期。

邱泽奇，1999，《乡镇企业改制与地方威权主义的终结》，《社会学研究》第 3 期。

申静、王汉生，2005，《集体产权在中国乡村生活中的实践逻辑——社会学视角下的产权建构过程》，《社会学研究》第 1 期。

石磊，2013，《试析农村集体经济视角下的村民委员会职能》，《当代世界与社会主义》第 5 期。

史明萍，2019，《村干部职业化的逻辑、特征与影响——基于苏州农村调研》，《中共福建省委党校学报》第 1 期。

孙敏，2018，《农村集体土地所有权式微的实践逻辑及其困境——基于宁海县 X 镇近郊土地开发历程的思考》，《北京社会科学》第 11 期。

孙霄汉，2014，《基层社会管理创新的成功探索——东莞市虎门镇集体资产交易平台改革分析》，《广东社会主义学院学报》第 2 期。

田毅鹏、齐苗苗，2014，《城乡结合部"社会样态"的再探讨》，《山东社会科学》第 6 期。

仝志辉，2018，《村委会和村集体经济组织应否分设——基于健全乡村治理体系的分析》，《华南师范大学学报》（社会科学版）第 6 期。

仝志辉、贺雪峰，2002，《村庄权力结构的三层分析——兼论选举后村级权力的合法性》，《中国社会科学》第 1 期。

万银锋，2015，《城乡结合部的"村官"腐败问题及其治理》，《中州学刊》第 8 期。

王化起，2012，《论后乡镇企业时期集体经济中的干部私有化及其影响——基于广东义村股份合作社的个案研究》，《中国农村观察》第 6 期。

王金红，2011，《告别"有意的制度模糊"——中国农地产权制度的核心问题与改革目标》，《华南师范大学学报》（社会科学版）第 2 期。

王扩建，2017，《城镇化背景下的村干部职业化：生成逻辑、困境与对策》，《中共天津市委党校学报》第 1 期。

王宁，2002，《代表性还是典型性？——个案的属性与个案研究方法的逻辑基础》，《社会学研究》第 5 期。

王庆明，2019，《身份产权——厂办集体企业产权变革过程的一种解释》，《社会学研究》第 5 期。

王伟彬，2009，《中国土地私有化的意义、时机与方式》，《二十一世纪》（香港）第 1 期。

王征兵，2004，《村干部合法收入标准的确定——以陕西省兴平市西吴镇为例》，《中国农村经济》第 11 期。

王征兵、宁泽逵、Allan Rae，2009，《村干部激励因素贡献分析——以陕西省长武县为例》，《中国农村观察》第 1 期。

王子新，2004，《"城中村"的改造及可持续发展研究》，《云南师范大学学报》（哲学社会科学版）第 4 期。

文兰娇、张安录，2016，《长三角地区与珠三角地区农村集体土地市场发育与运行比较研究——基于上海市松江区、金山区和广东省南海区、东莞市 4 地实证分析》，《中国土地科学》第 10 期。

吴毅，2002，《双重边缘化：村干部角色与行为的类型学分析》，《管理世界》第 11 期。

吴毅，2004，《农地征用中基层政府的角色》，《读书》第 7 期。

夏柱智，2020，《再集体化：发达地区农村地权变革的逻辑》，《南京农业
　　大学学报》（社会科学版）第 1 期。

夏柱智，2021，《农村集体经济发展与乡村振兴的重点》，《南京农业大学
　　学报》（社会科学版）第 2 期。

项继权，2002，《乡村关系行政化的根源与调解对策》，《北京行政学院学
　　报》第 4 期。

新望、刘奇洪，2001，《苏南、温州、珠江模式之反思》，《中国国情国力》
　　第 7 期。

熊万胜，2009，《小农地权的不稳定性：从地权规则确定性的视角——关
　　于 1867－2008 年间栗村的地权纠纷史的素描》，《社会学研究》第
　　1 期。

熊万胜，2010，《基层自主性何以可能——关于乡村集体企业兴衰现象的
　　制度分析》，《社会学研究》第 3 期。

徐京波，2018，《农村集体资产分类流失的实践逻辑——基于胶东地区发
　　达农村的调查》，《农业经济问题》第 3 期。

徐勇，1997，《村干部的双重角色：代理人与当家人》，《二十一世纪》（香
　　港）第 7 期。

徐增阳、杨翠萍，2010，《合并抑或分离：村委会和村集体经济组织的关
　　系》，《当代世界与社会主义》第 3 期。

徐增阳、郑迎春，2001，《村干部报酬的合理分担与补偿——兼评"村财
　　（账）乡管"与"村用省管"》，《中共宁波市委党校学报》第 3 期。

许高峰、王炜，2010，《论我国民营经济对区域经济建设与发展的作
　　用——以苏南模式、温州模式、珠江模式为例》，《天津大学学报》
　　（社会科学版）第 6 期。

轩明飞，2006，《股权改制与精英"牟利"——一项"城中村"社区组织
　　改革的经验研究》，《中国农村观察》第 1 期。

杨廉、袁奇峰，2012，《基于村庄集体土地开发的农村城市化模式研

究——以佛山市南海区为例》,《城市规划学刊》第6期。

杨善华、苏红,2002,《从"代理型政权经营者"到"谋利型政权经营者"——向市场经济转型背景下的乡镇政权》,《社会学研究》第1期。

姚洋、支兆华,2000,《政府角色定位与企业改制的成败》,《经济研究》第1期。

印子,2017,《职业村干部群体与基层治理程式化——来自上海远郊农村的田野经验》,《南京农业大学学报》(社会科学版)第2期。

于建嵘,2008,《地权是农民最基本的权利》,《民主与科学》第11期。

余秀江,2007,《不完全契约条件下的激励机制研究——基于广东村干部激励的实证分析》,《学术研究》第8期。

臧得顺,2012,《臧村"关系地权"的实践逻辑——一个地权研究分析框架的构建》,《社会学研究》第1期。

张彬、熊万胜,2020,《治理性发展:政府推动村级集体经济发展的新路径》,《南京农业大学学报》(社会科学版)第6期。

张汉,2014,《"地方发展型政府"抑或"地方企业家型政府"?——对中国地方政企关系与地方政府行为模式的研究述评》,《公共行政评论》第3期。

张浩,2013,《农民如何认识集体土地产权——华北河村征地案例研究》,《社会学研究》第5期。

张红凤,2005,《激励性规制理论的新进展》,《经济理论与经济管理》第8期。

张红凤,2006,《西方政府规制理论变迁的内在逻辑及其启示》,《教学与研究》第5期。

张欢,2019,《"民主管理型"集体经济现实基础与运行机制——以成都市Z村的实地考察为基础》,《农林经济管理学报》第3期。

张建君,2005,《政府权力、精英关系和乡镇企业改制——比较苏南和温州的不同实践》,《社会学研究》第5期。

张静,2003,《土地使用规则的不确定:一个解释框架》,《中国社会科学》

第 1 期。

张静，2005，《二元整合秩序：一个财产纠纷案的分析》，《社会学研究》
　　第 3 期。

张敏、顾朝林，2002，《农村城市化："苏南模式"与"珠江模式"比较
　　研究》，《经济地理》第 4 期。

张强，2009，《土地流转视野的农村租赁经济发育：自北京郊区观察》，
　　《改革》第 5 期。

张强、安钢，2008，《企业再造村庄——现阶段中国发达地区农村工业化
　　微观机制探析》，《中国农村观察》第 3 期。

张天泽、张京祥，2018，《乡村增长主义：基于"乡村工业化"与"淘宝
　　村"的比较与反思》，《城市发展研究》第 6 期。

张婷等，2017，《交易费用三维度属性作用机理及交易方式选择意愿——
　　佛山市南海区集体建设用地市场实证分析》，《中国人口·资源与环
　　境》第 7 期。

折晓叶，1996，《村庄边界的多元化——经济边界开放与社会边界封闭的
　　冲突与共生》，《中国社会科学》第 3 期。

折晓叶、陈婴婴，2005，《产权怎样界定——一份集体产权私化的社会文
　　本》，《社会学研究》第 4 期。

郑风田、程郁、阮荣平，2011，《从"村庄型公司"到"公司型村庄"：后
　　乡镇企业时代的村企边界及效率分析》，《中国农村观察》第 6 期。

支兆华，2001，《乡镇企业改制的另一种解释》，《经济研究》第 3 期。

中国社会科学院农村发展研究所，2015，《"农村集体产权制度改革研究"
　　课题组，关于农村集体产权制度改革的几个理论与政策问题》，《中国
　　农村经济》第 2 期。

周珩，2017，《村财乡管的法理悖论及改革路径》，《法学论坛》第 5 期。

周庆智，2015，《关于"村官腐败"的制度分析——一个社会自治问题》，
　　《武汉大学学报》（哲学社会科学版）第 3 期。

周锐波、闫小培，2009，《集体经济：村落终结前的再组织纽带——以深
　　圳"城中村"为例》，《经济地理》第 4 期。

周雪光，2005，《关系产权：产权制度的一个社会学解释》，《社会学研究》第 2 期。

周雪光，2008，《基层政府间的"共谋现象"——一个政府行为的制度逻辑》，《社会学研究》第 6 期。

朱冬亮，2013，《村庄社区产权实践与重构：关于集体林权纠纷的一个分析框架》，《中国社会科学》第 11 期。

朱冬亮、程玥，2009，《集体林权纠纷现状及纠纷调处中的地方政府角色扮演——以闽西北将乐县为例》，《东南学术》第 5 期。

Acemoglu, Daron, 2003, Why Not a Political Coase Theorem? Social Conflict, Commitment, and Politics. *Journal of Comparative Economics*, 31 (4): 620-652.

Blecher, Marc, and Vivienne Shue, 2001, Into Leather: State-led Development and the Private Sector in Xinji. *China Quarterly*, 166 (1): 368-393.

Frye, Timothy, and Andrei Shleifer, 1997, The Invisible Hand and the Grabbing Hand. *The American Economic Review*, 87 (2): 354-358.

Laffont, Jean-Jacques, 1994, The New Economics of Regulation Ten Years After. *Econometrica*, 62 (3): 507-537.

Laffont, Jean-Jacques, and Jean Tirole, 1987, Auctioning Incentive Contracts. *Journal of Political Economy*, 95 (5): 921-937.

Lanchih Po, 2011, Property Rights Reforms and Changing Grassroots Governance in China's Urban-Rural Peripheries: The Case of Changping District in Beijing. *Urban Studies*, 48 (3): 509-528.

Lanchih Po, 2014, Redefining Rural Collectives in China Land Conversion andthe Emergence of Rural Shareholding Co-operatives. *Urban Studies*, 45 (8): 1603-1623.

Loeb, Martin, and Wesley A. Magat, 1979, A Decentralized Method for Utility Regulation. *Journal of Law and Economics*, 22 (2): 399-404.

Oi, Jean, 1992, Fiscal Reform and the Economic Foundations of Local State

Corporatism in China. *World Politics*, 45（1）: 99-126.

Oi, Jean, 1995, The Role of the Local State in China's Transitional Econo-my. *The China Quarterly*,（144）: 1132-1149.

Peng Yusheng, 2001, Chinese Villages and Townships as Industrial Corpora-tions: Ownership, Governance, and Market Discipline. *American Journal of Sociology*, 106（5）: 1338-1370.

Sargeson, Sally, and Jian Zhang, 1999, Reassessing the Role of the Local State: A Case Study of Local Government Interventions in Property Rights Reform in a Hangzhou District. *The China Journal*, 42（42）: 77-99

Umbeck, John, 1977, The California Gold Rush: A Study of Emerging Proper-ty Rights. *Explorations in Economic History*, 14（3）: 197-226.

Umbeck, John, 1981, Might Makes Rights: A Theory of the Formation and Ini-tial Distribution of Property Rights. *Economic Inquiry*, 19（1）: 38-59.

Walder Andrew, 1995, Local Governments as Industrial Firms: An Organization-al Analysis of China's Transitional Economy. *American Journal of Sociology*, 101（2）: 263-301.

Weingast, Barry, 1995, The Economic Role of Political Institutions: Market-Preserving Federalism and Economic Development. *Journal of Law, Econom-ics, and Organization Law*, 11（1）: 1-31.

著作类

〔德〕埃瑞克·菲吕博顿、〔南〕斯韦托扎尔·配杰威齐，1994，《产权与经济理论：近期的一个综述》，转引自科斯等《财产权利与制度变迁——产权学派与新制度学派译文集》，上海三联书店、上海人民出版社。

曹正汉，2008，《地权界定中的法律、习俗与政治力量——对珠江三角洲滩涂纠纷案例的研究》，中国制度变迁的案例研究（广东卷）（第六集）。

〔美〕道格拉斯·诺斯，1994，《经济史中的结构与变迁》，陈郁等译，上海人民出版社。

〔美〕杜赞奇,2008,《文化、权力与国家——1900—1942 年的华北农村》,王福明译,江苏人民出版社。

〔美〕弗兰克·古德诺著,2011,《政治与行政——一个对政府的研究》,王元译,复旦大学出版社。

〔美〕哈罗德·德姆塞茨,1999,《所有权、控制与企业》,段毅才等译,经济科学出版社。

〔荷〕何·皮特,2014,《谁是中国土地的拥有者:制度变迁、产权和社会冲突》,林韵然译,社会科学文献出版社。

胡建淼,1998,《行政法学》,法律出版社。

黄少安,2004,《产权经济学导论》,经济科学出版社。

李培林,2019,《村落的终结:羊城村的故事》,生活·读书·新知三联书店、生活书店出版有限公司。

刘诗白,1998,《主体产权论》,经济科学出版社。

刘世定,1996,《占有制度的三个维度及占有认定机制——以乡镇企业为例》,载潘乃谷、马戎主编《社区研究与社会发展:纪念费孝通教授学术活动 60 周年文集》(下),天津人民出版社。

刘宪法,2011,《“南海模式”的形成、演变与结局》,中国制度变迁的案例研究(土地卷)(第八集)。

卢福营等,2006,《冲突与协调——乡村治理中的博弈》,上海交通大学出版社。

王连昌,1991,《中国行政法通论》,新疆大学出版社。

王颖,1996,《新集体主义——乡村社会的再组织》,经济管理出版社。

夏书章,1991,《行政管理学》,中山大学出版社。

许经勇,2009,《中国农村经济制度变迁六十年研究》,厦门大学出版社。

〔美〕约拉姆·巴泽尔,1997,《产权的经济分析》,费方域等译,上海三联书店、上海人民出版社。

〔美〕约拉姆·巴泽尔,2006,《国家理论——经济权利、法律权利与国家范围》,钱勇等译,上海财经大学出版社。

张五常,2000,《佃农理论——应用于亚洲的农业和台湾的土地改革》,易宪容译，商务印书馆。

〔日〕植草益，1992，《微观规制经济学》，朱绍文等译，中国发展出版社。

周其仁，2002，《产权与制度变迁——中国改革的经验研究》，社会科学文
献出版社。

周素红、周瑞波、吴志东，2011，《快速城市化下的城中村改造与村社转
型》，中山大学出版社。

Kornai, Janos, 1990, *The Road to a Free Economy: Shifting from a Socialist System: The Example of Hungary*. New York：Norton.

Oi, Jean, 1999, *Rural China Takes Off: Institutional Foundations of Economic Reform*. Berkeley：University of California Press.

图书在版编目（CIP）数据

桃源街道集体经济运行经验考察／李强著 . --北京：
社会科学文献出版社，2025.7. --ISBN 978-7-5228
-4949-2

Ⅰ.F327.653

中国国家版本馆 CIP 数据核字第 2025HJ5633 号

桃源街道集体经济运行经验考察

著　　者／李　强

出 版 人／冀祥德
责任编辑／宋淑洁
文稿编辑／郭晓彬
责任印制／岳　阳

出　　版／社会科学文献出版社·经济与管理分社（010）59367226
　　　　　地址：北京市北三环中路甲 29 号院华龙大厦　邮编：100029
　　　　　网址：www.ssap.com.cn
发　　行／社会科学文献出版社（010）59367028
印　　装／三河市龙林印务有限公司

规　　格／开　本：787mm×1092mm　1/16
　　　　　印　张：13.5　字　数：204 千字
版　　次／2025 年 7 月第 1 版　2025 年 7 月第 1 次印刷
书　　号／ISBN 978-7-5228-4949-2
定　　价／98.00 元

读者服务电话：4008918866